U0075018

夢想的完成
不是只有一個方法
每一個終點
是另一個起點

陳郁如
2023

跨越極地山海間

阿拉斯加52日自駕行

陳郁如

「生活得最有意義的人，並不就是年歲活得最大的人，而是對生活最有感受的人。」

——盧梭

推薦序

脫離日常瑣碎的禮物：《跨越極地山海間：阿拉斯加52日自駕行》

文／彰化縣原斗國小教師林怡辰

在日常中，收到《跨越極地山海間：阿拉斯加52日自駕行》的書稿，甜甜的，就像一份珍貴的禮物，一口氣讀到最後。

一直很喜歡郁如老師的旅行散文，因爲生命巨變，在她罹癌治療之後，總是在散文中流瀉那些把握當下的智慧。這一場旅行，想必也是「不要再留到以後」，而要「活在當下」的結晶吧？可，這可不是一場簡單的旅行，而是一趟北國之旅，地點位在神祕且獨立的「阿拉斯加」，郁如老師和先生 **Robert** 以自駕方式，從洛杉磯前往阿拉斯加，長達五十二天朝夕相處。

依循《華氏零度》、《追日逐光》的筆觸，我就像是不小心被郁如老師帶入行李的小人兒，偷偷的跟著她一起旅行。飯店介紹、自助餐食、進房退房、買紀念品、趕往下個行程……這些，都不在郁如老師的旅遊散文裡。她的散文裡有的是，冰河消退的山間步道、北極海的第一次接觸、採集野菇釣鮭魚，醃製鮭魚卵、處理鮭魚肉，原始的方法自炊自足……還有「熊」的出現！不管是熊媽媽帶著小熊的畫面，還是好心人提醒有熊出沒，準備在口袋裡的防熊噴霧和一觸即發的氛圍，都讓我緊張冒汗。

書中也看見郁如老師的坦誠和誠懇，因爲不想雨夜露營而愁眉苦臉、可以順利拿到喜歡的鮭魚卵就手無足蹈，讓我有點罪惡感，像是偷窺了郁如老師的內心一般。可，也就是因爲這樣，讓這趟旅程讀來有滋有味，就像是在書中開了一扇任意門，翻開書頁，也能感受到那些阿拉斯加的美好、酷冷和蚊子、極光夏雪北極海、肥美的鮭魚和牠們洄游後生命消逝，讀著讀著，就忘了身上還有多少瑣事……

郁如老師的文字中也藏著珍珠，關於圓了去阿拉斯加的夢：「夢想的完成不是只有一個方法，每一個終點都是另一個起點。」關於旅行的愛好：「跟野外的接觸，那是一種寧靜，一種與世界的連結。」對於要自己處理食物的辛苦：「採集、烹煮野菇；釣魚、處理漁獲、醃製鮭魚卵……在阿拉斯加，我們深入體驗當地人的生活。」甚至連北國的雨也別有情調：「北極圈的雨，就是讓人這麼容易原諒，一切都可以商量，誰叫它出現在這麼特別的地方？」因爲「念」轉，不由自主的跟著作者開心，爲她祈禱。

書中也提到作者因惡性腫瘤服用藥物的不適點滴，以及還持續寫著《仙靈傳奇》的工作樣貌，也許，這也是郁如老師書中，總有魔法的原因吧？你看，連面對不適她都這樣說：「痛楚，總是不舒服的，它耗去你的精神，消磨你的意志，在旅行中發生，的確會讓人沮喪……但是此時，我心中帶著慶幸，雖然頭痛、頭暈，但是至少我人在去阿拉斯加的路上，是完成願望的途中。」

合上書頁，你的當下呢？在前往你的阿拉斯加路上嗎？這本書，邀請你一起來讀讀。

HOME

Day 0

0 miles

二〇二一年，我被告知，左邊的乳房裡，有個惡性腫瘤。在深層的組織裡，撒下恐懼的種子，讓焦慮開枝散葉。我做了兩次手術，乳房雙邊切除，成了平胸人。同時，開始至少五年的抗荷爾蒙治療，每天服用泰莫西芬（Tamoxifen）。

癌症的出現，除了身體上的變化外，有些想法，也有了變化。以往總是理所當然的認爲我有無限個明天，我有用不完的下次。這回跟癌細胞爭奪領地，我割讓了雙乳，贏得江山，但同時我也意識到，這片身體土地不會永恆如山矗立，癌細胞永遠虎視眈眈，就算沒有癌細胞，身體也是會日漸衰老敗落的。

我沒有無止境的以後，我有的是現在。

我學著努力讓存在的每一分鐘沒有遺憾。

我服用泰莫西芬的副作用一直都在，頭痛、頭暈、疲倦、關節疼，動不動撫著胸口皺眉像是西施轉世。我帶著這些一起生活，不管去哪，做什麼事，就是讓它們跟著。而能夠讓我心平氣和跟症狀共存的方式，就是一一去完成我想做的事。每當我有一件想做的事——去臺灣陪伴爸媽，吃道特別的菜，跟小孩一起包個粽子，欣賞某個心儀的景點等等，而我努力做到，讓心願完成時，都讓我心生感激，感恩我有這樣的力量去成就任何一個小小的夢想。身體的不適還是在那，但是生命有期望，生活有計畫；不適變成動力，推著我往前走去。

阿拉斯加是地圖上遠離塵囂的國度，冰冷的氣候，遙遠的距離，高昂的物價，樣樣都讓人難以親近。但是北國的神祕，冰雪的美麗，一直是我想造訪的夢想。

「我們什麼時候要去阿拉斯加？」我問。當時是七月中，加州晴空萬里，陽光豔豔。

「怎麼忽然想去？」Robert 好奇的問。

「也不算忽然啊，你不是有自駕去阿拉斯加的計畫嗎？生病後我常想，明年也不知道我會在哪……」我看他不安的白我一眼，常常健康的人聽到生病的人說的話，有時候他們的敏感多過我們，因爲他們不知道如何回應，很是尷尬與焦慮。

我阻止他想要安慰的話，繼續說下去，「我這樣講是很正面的，我不是說我明年就會死掉，我是說，我們過了體力高峰階段，只會越來越衰老，跟明年、後年相比，現在絕對是最鼎盛的時候。如果不會散盡家產，有時間可以去做，能去完成的，就趕快去完成，不是很好嗎？」

Robert 點點頭，眼睛閃著理解的微笑，「好，我們去。」

雖然身體不適，但是生命有期望，不適變成動力，推著我往前——
我沒有無止境的以後，但我有的是現在。阿拉斯加，出發吧！

上：歷經九天的車程，我們正式進入北極圈了！我和 Robert 興奮的和北極圈路標拍照。

下：生活就是這樣，有晴朗的地方，也有大風大雨大雪的地方。而我們不能放棄，繼續走下去。

上：鯨魚骨拱門是烏特恰維克最有名的地標，兩條長長的鯨魚下顎，插在沙灘上，高聳入天，後面就是北極海。

下：下雪了！薄雪在泥濘的地上鋪上一層白粉，而片片雪花落下，極地八月，夏雪來襲，冰冷不退。

旅行中我們時常露營，在山腳下、湖畔邊，與它們共眠一晚，隔天早上起床後觸目所及的山石霧氣，氤氳渺渺，讓我覺得謙卑、敬重、感恩。

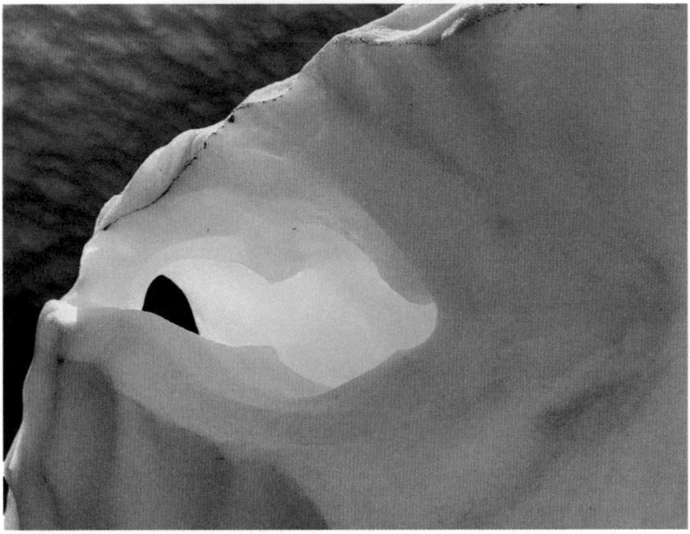

藍色的冰是那麼的美，顯得純淨、神祕。冰上覆滿像是無數個小小山巒般的紋理，高低凹凸，像是某種糾結的生命體，讓冰河顯得壯闊有力。

冰河不是永遠穩定的狀態，在深層的內部，與地心引力交互作用，
不斷有低吼聲傳來。山河是活著的。這冰存在了千年萬年了吧？
而我是如此幸運能親眼見證這一歷史的切面。

藍色的冰河在兩個山峰間出現，更遠的山頭可以看到殘雪、山坳處的冰河。水面上飄著大大小小的冰山、冰塊，每個形狀都不同，像是一場盛大的冰雕展覽。

Date: 7 月 31 日

Day 1 | 640 miles | Los Angeles → McCloud

我坐在車裡，裝著筆電還有隨身用品的大包包躺在雙腳之間。車子裡還遺留前一趟旅行所留下來的味道，喚起一些美好記憶，聯繫過去到現在，然後引著走向新的旅程。

「我去鎖門，然後上路！」Robert 把車子開離車道，駛進洛杉磯的車水馬龍中。對遊客來說，這城市充滿魅力，但是對我們來說，只想快快離開嘈雜的擁擠，走向寬廣的自然國度。

Robert 的 FJ Cruiser 是十多年的舊車，里程數已經超過三十五萬英里（編按：一英里約等於一．六公里，此處約五十六萬公里），但是它有雪胎，有四輪驅動，上面還有車頂帳篷，讓我們可以露營過夜，另一種定義的「房」「車」。

我們的旅行方式一向跟別人不太一樣，我們自駕，公路旅行；不參加旅行團，不坐郵輪，會住飯店也會露營，會外食也會自己煮食。我不覺得一定要苛刻困苦才是旅行的眞諦，但也不會因爲追求奢侈舒適而不敢做更深入的旅程。

中午在一個加油站加油，同時用他們的微波爐加熱三顆粽子。我們有一臺可以在車上插電的冰箱，這次帶了之前跟孩子們一起做的粽子，還有其他煮好的冷凍食物，我們估算這次帶的東西大約可以吃十餐，之後再到各地補充食物，或是外食。

我們對吃的要求不高，不需要每餐都四菜一湯，大魚大肉。營養夠，補充了體力，那就可以了。追求美食一向不是我們旅行的重點。路上遇到好餐廳，我們會開心的享受，但微波加熱粽子，也是津津有味的美食。

七月的加州，天氣乾燥無比，藍天無白雲，空氣無水氣。5號公路筆直的北走，一片天寬地闊，視野遼遠。四周望去都是黃褐色乾枯的山頭，間或有些小城鎮，在綿延的沙漠丘陵中點綴一些人工匠氣。今天一天的行程，都在沙漠氣候區，高溫在攝氏三十二度以上。

這個南北狹長的州，開八個小時也無法南北貫穿。今天開六百四十英里。從洛杉磯往北開到麥克勞德（McCloud）是我們第一晚休息點，這距離比基隆到高雄再開回基隆的距離還長。

晚上計劃在麥克勞德一個山上樹林裡野營。美國有些山林，只要找到合法的地方，就可以隨地野營。我很喜歡野營，完全的戶外，沒有任何水、電、桌椅、廁所等設備，全部靠自己的裝備，通常這樣的地方也不會有其他旅客，在那裡的一個晚上，我們奢侈的享用專屬的大自然，同時賺到一個晚上的免費住宿。當然，離開時，也要記得把垃圾帶走，好好的把大自然還給大自然。

只是人算不如天算，在開車北上的路上，我們聽到一個消息，那附近有「山火」，若要在山裡露營的話要特別注意。怎麼才第一天，就遇到狀況啊？加州沙漠氣候，炎熱乾燥，每年的山火就像臺灣的颱風一樣，是自然天災，產生很多的問題和危險。

還在擔憂山火的問題，眼前一陣光芒，我嚇了一跳，閃電！車頂帳篷的支架是金屬材質，野外露營遇到雷電是很危險的，我們可不想出發的第一天晚上就被雷公炸焦掉。

看著閃電越來越密集，要不要賭一把看我們平常做人如何？看我們會不會被雷打到？討論了一下，承認自己不是完美的人，還是先找間旅館吧，日後要野營的機會還很多。出門才第一天就不按計畫走，像極了人生。

Date: 8 月 1 日

Day 2

610 miles

McCloud → Seattle

早上起來，頭痛，很普通的泰莫西芬副作用日常，但是不代表我沒有感覺。欣然接受。

痛楚，總是不舒服的，它耗去你的精神，消磨你的意志，在旅行中發生，的確會讓人沮喪。爲什麼我就不能好好的享受旅程？但是此時，我心中慶幸，雖然頭痛、頭暈，但是至少我人在去阿拉斯加的路上，在完成願望的途中。一樣要頭痛，在家裡躺沙發是痛，出門旅行也是痛，那我絕對選後者。這讓我覺得，我雖然不適，但是還是持續著我的生活、我的理想。

繼續往北開車，果眞經過山火區。我們看不到火焰，但是藍天不再，煙霧彌漫，視野茫茫。即使在密閉的車內，嗆人的煙味還是鑽了進來。

過了山火北加，進入奧勒岡州，這是一個美麗的州，但是我們只是路過。然後進入華盛頓州。這兩個州加起來長度沒有加州長，天氣溼潤，景色也很不同。我很喜歡這兩個州，在美國算是比較開放自由，比較願意接納多元文化的州。僅僅開車經過，到處可見彩虹旗幟、標示，給人快樂、和平的感受。跟某些地方槍枝崇拜、宣揚暴力的風格相比，我很被這兩州的特質吸引。

Date: 8 月 2 日

Day 3 | 313 miles | Seattle → Canada Vancouver

繼續往北前進。今天要進入加拿大。美加兩國一向交好，海關管控也是比較鬆散的，不需要簽證，帶著美國護照，就可以開車入關。

美加兩國相鄰，經濟文化建設都很相近，來到加拿大並沒有太大的異國風情的震撼，但是身在不同的國度，心境上還是有差別，更有度假的放鬆感。

先開車經過溫哥華，來到馬蹄灣（Horseshoe Bay），我們在這裡停頓吃中餐。這裡臨著港口，很多遊客，自然也很多好餐廳。不過我們沒被誘惑，從冰箱拿出家裡帶來的食物，簡單解決一餐。

之後沿著海岸開，走99號公路（又稱爲海天公路，Sea to Sky Highway），顧名思義，就是一條帶著你從海岸線一直開進高山的絕美路線。

車子彎進山裡，在山路上蜿蜒前進。這段路上疲倦又向我襲來，完全無法擋，像是一種黑暗的力量，整個覆蓋著你，拉下你的眼皮，讓你沉沉睡去。這次，我和 Robert 決定開車去阿拉斯加，有人問爲什麼不坐飛機或郵輪？之前在朋友的邀請下，我們嘗試過墨西哥郵輪行，但眞的不是我們喜歡旅行的方式，太過擁擠，太過人工，太多喧譁。我跟 Robert 都是不太喜歡與人有過多互動的人，平常住大都市，會顧及該有的社會禮節，但如果是出門旅行，我們更醉心於跟野外接觸。那是一種寧靜，一種與整個世界的聯結。自駕旅行讓我們更接近這樣的理想。

從我們家開車過去，中間經過奧勒岡州、華盛頓州，然後進入加拿大的卑詩省（BC省，British Columbia）、育空領地（Yukom），然後再度入境美國的阿拉斯加州，穿越層層山脈，先到費爾班克斯（Fairbanks），再到安克拉治（Anchorage）。這是距離最短的一條路徑。這條最近的走法，單程總長三千英里。用臺灣人比較容易理解的算法來說，從基隆開到高雄大約是四百公里，也就是我們開去安克拉治的單程距離，約略是基隆和高雄距離的十二倍。

有人問，那這樣要開幾天？如果正常白天開車，中間停車吃飯上廁所加油，晚上睡覺，這樣不停的開，大約七天左右。當然，如果中間看到哪個城市有趣，想去哪裡走走，這裡多花兩個小時，那個城市多花兩天，都是很有可能的。尤其我們是第一次開這條路，經過這麼多沒去過的城市鄉鎮景點，不想走馬看花，肯定會在很多地方停留的。

有人認爲這樣浪費時間，不如搭飛機飛過去，到當地再租車就好。這絕對是方法之一，各有優缺點。

如果你只有一兩個星期的時間可以去阿拉斯加，當然坐飛機去爲佳，好把整個時間留給目的地，好好享受。

但是如果有多的時間可以運用，開車絕對值得，因爲一路上看到的、經歷過的，不是在飛機上可以體驗的。我們這次會經過不同的州、不同的國家、無數個城市、山脈、河流，這些都是開車旅行才能擁有的難得接觸。而以我個人的狀況來說，自駕的機動性讓人很安心、很輕鬆，我知道我們可以根據體力調整行程，想趕路就趕路，想休息就休息，看到風景美就停車拍照。

今天經過的加拿大山區，山巒相疊，綠意盎然，蜿蜒的山路隨著山勢爬升，令人窒息的景色迎著窗面而來，這就不是坐飛機可以細細品味的。

晚上在一個小湖邊的私人營區露營，設備舒適，一晚三十美金。今天走走停停看風景，只開了三百一十三英里，不過沿路實在太美了，值得！

Date: 8 月 3 日

Day 4

537 miles

Vancouver → Seeley Lake Provincial Park

我們所處的加拿大氣候溫和，早上醒來，發現溫度變化不大，覺得新鮮。這裡常下雨，潮溼的氣候同時迎來蚊子，北方沼澤區的夏天是蚊子的天堂。

晚上在西利湖省立公園（Seeley Lake Provincial Park）紮營。這裡蚊子更多，Robert 很小心的把屋頂帳篷打開，紗網拉上，確定都安全了，我才入帳篷。

我們十點熄燈，北國夏天日照長，外面居然還沒全暗，天空西邊帶著微亮。

睡著睡著，覺得這裡癢那裡癢，忍不住起來，打開手電筒一照，哇！帳篷裡都是蚊子，看著讓人全身發麻！我趕快把 Robert 叫醒，兩人大半夜忙著打蚊子。

幾乎每一隻蚊子被打死時都留下鮮血，弄得我們兩掌沾血，眞的很噁心。

「怎麼打不完？」我皺著眉問，「牠們好像一直進來。」

「從洞口進來的！」Robert 大叫，趕快把他的上衣和褲子捲起來，塞住帳篷旁的洞。

這個折疊式的屋頂帳篷在關節處有兩個沒有密封的缺口，但使用它五年來，沒有昆蟲從這裡進來過，沒想到加拿大的蚊子這麼聰明勇猛，半夜對我們群起圍攻。

大概花了半個小時，至少殺死三十多隻，戰況慘烈。

「我忍不住要說，你好勇敢，沒有尖叫，沒有哭著哀求撤營住旅館。」Robert 由衷的說。

這是眞的，這次我也要佩服自己的從容。我對蟲咬非常的敏感，很容易就腫一個大包，好幾天不會好。我曾經在佛羅里達州被蚊子咬到過敏大爆發，Robert 知道我有多厭惡蚊子，多害怕被蟲咬，可是這次我的反應並不激烈，也沒有生氣怨懟。我想，對他來說，不用安撫我的情緒，應該輕鬆許多。

Date: 8 月 4 日

Day 5 | 367 miles | Seeley Lake Provincial Park → Kinaskan Lake Provincial Park

早上醒來，我們不敢逗留，Robert 讓我下了帳篷後坐在車裡，他去做收帳篷的所有工作，不想我受到更多的蚊子攻擊。我檢查一下自己，右手中指腫起來，額頭上兩個大腫包，手腕、腳掌、手臂、背上也各有一個包。人家出國買名牌包，我是被叮滿身包。

我們開車上路，一路上還是餘悸猶存的唸著昨晚的可怕經驗。

「我眞的很佩服你的平靜應對，而且還願意繼續露營，沒有放棄，沒有堅持要住旅館。」Robert 再度說。

我知道，如果我想住 Motel，他因爲了解我的害怕不安，也會贊成。但是我眞的想能露營就露營，很多時候廉價 Motel 的骯髒破舊更讓人不舒服，而且再廉價一晚也要一兩百美金，露營可以省下好多錢。如果問題是可以解決的，那我很樂意去克服。

「你眞的是我的最佳夥伴！我們又度過一個難關，這不是什麼天大的難關，但是我們一起克服心理上的艱難，謝謝你，因爲你願意配合，我也很努力想辦法解決問題，讓你更舒服。」Robert 眞心的說。

我忽然想到，先前當朋友們知道我們計劃去阿拉斯加旅行一個多月時，我得到不少回應，「哇，好棒啊！」「這要花很多錢吧！」「記得照片分享喔！」「阿拉斯加好荒涼，我才不要去。」在這些正面負面的留言中，有人說了句，「哇，你們可以一起旅行這麼久啊，我跟老公這樣朝夕相處，肯定吵翻了。」

眞有意思！原來不是每對夫妻的生活態度都是一樣的。對我跟 Robert 來說，旅行是一件一起學習的事，是一件彼此可以滿足對方的事，是一件可以共同分享心情的事。

當然每對夫妻自有他們和平相處之道，沒有誰的方式比較高明。對我們來說，如果希望對方過得好，就得想辦法在自己跟對方的需求中找到平衡，那不管是日常裡的柴米油鹽，還是旅行中的千般挑戰，互動起來就容易多了。Robert 很照顧我，對於我的努力也會看在眼裡，而不會覺得我的付出是理所當然，所以我也常常提醒自己，不要把一切視爲理所當然，要心存感激。

早上從 16 號公路轉上斯圖爾特—卡西亞公路（Stewart-Cassiar Highway 37），上了這條公路，阿拉斯加之行更有眞實感了。

今天我們小小繞路，在梅丁亞齊交界處轉到 37A。37A 這條路是沿著山谷開的，兩旁都是高聳入天的山脈，七月天，山頭上可見的積雪，看來是終年不化的。兩旁的山岩中看到無數條的瀑布流水，帶著融化的雪水，切穿山石，像一道道白絹，蜿蜒流向山谷的溪中。

我們在斯特羅恩湖（Strohn Lake）旁的高山上看到第一個冰河。藍色的冰是那麼的美，顯得純淨、神祕。冰上覆滿像是無數個小小山巒般的紋理，高低凹凸，像是某種糾結的生命體，讓冰河顯得壯闊有力。

在阿拉斯加之行中，看冰河是很重要的行程，很多冰河位處的地方遙遠，需要參加當地導遊團，或是坐船坐飛機才能看到，這裡是少數幾個開車在路邊就可以看到的景點，沒有遊客，也不是最壯麗的冰河，然而卻是生命中的首度相遇，我們花點時間靜靜的看著，品味所有的感動。

看完冰河後繼續開車去斯圖爾特（Stewart），在小鎮裡吃了簡單的三明治後，然後去海德（Hyder）。

除了我們在地圖上熟悉的那一大塊面積外，阿拉斯加在東南方有許多島嶼，城鎮跟加拿大相鄰或相連，海德就是其中之一。海德是美國阿拉斯加的一部分，要到這個地方，卻不能從阿拉斯加本土過去，唯一的道路是從加拿大卑詩省的斯圖爾特小鎮開車過去。所以在這裡，我們有了與阿拉斯加第一次接觸。

很多人都知道，要從國外進入美國海關非常複雜麻煩，而這次從加拿大進入海德，卻是我這生中進入美國海關最輕鬆的一次：完全沒有關卡，沒有海關人員，沒人看你的護照，就是一條道路，直接從斯圖爾特開進海德。

海德的街道就一條，看起來蕭索空蕩，兩旁的建築非常老舊，有幾家旅館，有一間雜貨店，幾個住家，還有一間郵局。沒有人來人往，沒有車陣喧囂，彷彿經過一個跟世界平行的空城。

直到抵達魚溪野生動物觀察站（Fish Creek Wildlife Observation Site），在這裡，我們看到不少遊客，還有遊覽車放下一整車的老先生老太太們。這個野生動物觀察中心沿著魚溪建了一條木棧步道，讓人可以走在步道欣賞溪流。

當然，大家大老遠從加拿大來到美國邊陲疆土的海德，不是只爲了風景。

每年的七月到九月是鮭魚洄游的季節。成年的公母鮭魚會從深海回溯到淡水溪流，來到上游區產卵、交配，這些鮭魚完成生命的使命後就會自然死亡，然後魚卵在隔年春天孵出小魚仔，牠們順著溪流游向大海，等到三至五年後回來出生的地方，產卵交配，然後死亡。生命依照這樣特別的方式輪迴運行。

這條魚溪就是白鮭（Chum Salmon）跟粉紅鮭（Pink Salmon）回來產卵的地方。我們在木棧道上可以看到淺溪中布滿超大的鮭魚，每一條從六十到一百公分不等，身上布滿漂亮的紅色斑點，母鮭魚會在溪底鏟出一個淺坑，它有一個特有的名詞叫「Redd」，就是牠產卵的地方。第一次看到鮭魚洄游，肥大的母鮭魚們還會占據地盤，把其他的母鮭魚趕走，清澈的淺溪急而湍流，魚群逆游而上，生命的力量，大自然的力量，在眼前展開。我們痴迷的在木棧道上看著這些魚的生命輪迴。

不過大家來這裡，還期待更多：有鮭魚的地方，尤其是這麼密集出現的大鮭魚，就會有熊出現，這就是木棧道存在的原因。觀測站外有張表格，記錄每天熊出現的時刻，我看了一下，有時間隔兩三個小時，也有半個小時出現三次。很幸運的，我們沒等多久，熊真的出現了！

一隻棕色的熊從溪的下游處朝我們走來，牠神色自若，步伐穩健，知道自己在這深山野溪畔是個強大的掠食者，不需要驚慌躲藏。熊左顧右盼，不是小心謹慎，而是在檢視牠的食物。牠看到溪裡魚群，開始奔跑，水花四濺，魚群被追趕的四處竄游，跳出水面，大家安安靜靜的看著，身邊的相機快門聲喀嚓喀嚓不間斷的響起。

接著，棕熊朝著我們的方向奔來，試圖抓魚，幾條鮭魚動作滑溜，閃了過去。不過熊的抓魚技巧不是虛有的，牠轉個身，看到一條大魚試圖游開，追了上去，不到兩秒鐘，牠將頭爪伸入水中，再度抬起頭，嘴裡叼著一條肥大的鮭魚。

熊嘴裡咬著魚，站在水中，頭高昂，微傾，那是彰顯勝利的姿勢，等我們這些追星族好好拍完照，這才上岸享受新鮮的「沙西米」。這又滿足人類喜歡看餵食秀的欲望，我的手機也一直保持錄影的狀態。

熊吃飽了，抬起頭左右看看，我想牠絕對知道我們在那，也知道保持距離彼此都安全。人與熊之間，產生了默契。熊在淺溪中行走，偶爾小跑步，小跳躍，慢慢往回走，身影消失在遠處下游的樹叢中。岸上沒被吃乾淨的那隻鮭魚則會有鳥、鷹或其他動物來回收。

我們心裡滿溢著感動，慶幸有這樣的地方，被人類發現，但也被人類保護著。這裡沒有人釣魚，沒有人干擾牠們，讓鮭魚好好產卵，正常死亡，或被熊、鷹捕捉，回歸自然循環，而我們這些都市人也可以親眼目睹這樣的壯麗美好。

離開觀察站時已經五點了。Robert 希望在天還亮時多趕些路，越往北去，天黑得越晚，是夏天旅行時趕路的優勢。

「熊！」Robert 大喊，同時快速停車。一隻黑熊就在路旁吃草。他抄起相機，我也拿出手機錄影。開車時在路邊就可以看到熊，太神奇了！更神奇的是，我們這一路上共看到六次！有的看我們一眼，繼續吃草或挖樹皮找蟲子，有的比較害羞，一下子就轉身沒入樹叢。出發前，很多人聽到我們露營，問我會不會害怕野生動物攻擊？其實大部分的野生動物不會無故攻擊人類，我們不是牠們的食物選項，面對大自然有一定的常識，保持距離和謙卑，不自大任性，這樣就不用過於擔心安全。

我們一路趕著往北開，希望可以多完成一些里程數。但是此時一路荒涼，連熊都出現六次，還看不到加油站，沒有露營標示，沒有城鎮，手機也沒有訊號。

「我們可以在哪過夜？」我開始焦慮、緊張、不安。

「現在手機沒訊號，無法知道，不過我們有《The Milepost》，我停車去拿，在背包裡。」Robert 說，他下車去後車廂拿。

《The Milepost》是一本厚厚的地圖書。是開車去阿拉斯加的寶典，所有的里程標示、加油站、餐廳、住宿等資訊都在上面。在沒有訊號的深山裡，再高端的手機也只能拿來拍照，想要找路找資訊，還是要回歸原始的紙上文字。

然後我聽到一聲聲咒罵。

「怎麼了？」我問。

「背包不在車上了！」Robert 萬分氣惱。「我可能留在野生動物觀察站了。」

我心一涼，「怎麼辦？還有什麼東西在裡面？」這次旅程長，要帶的東西多，我們盡量精簡，當然不可能有什麼背包帶兩個、地圖書帶三本這種事。

「我的護膝、兩對登山杖，還有一些小雜物。」他說。

我們已經開了三個多小時的車，不可能來回六個小時回去找，而且此時折返，觀察站一定關門了，要明天才能問有沒有人拾到，若回頭過夜實在太耽擱行程。我想想，護膝再買不難，登山杖當初買最好的，有點心疼，背包也是不便宜，但是衡量起來，還是再重新買過比較划算。而且等我們有訊號，可以打電話過去，如果他們找到，還可以請他們寄回家。

最讓人難受的，是弄丟那本阿拉斯加地圖書。此時天色已晚，背包遺失，引路寶典不在身上，我的不安、焦慮整個被放大，加上前幾天的小不順：第一晚想露營遇到打雷，昨晚帳篷中被蚊子攻擊，累積下來的情緒爆發，忍不住害怕的哭出來了。

「我們到下個大城鎮再把這些東西買齊。我也保證今晚可以找到地方露營。」Robert安慰我說。

只能這樣了。收起眼淚，他也收起氣憤，我們繼續往北開去。一路荒蕪，要鼓起很大的勇氣才能止住慌亂的心。

終於，我看到路標指示前方有露營區，我們有地方可以休息了。這裡飛舞的蚊子比昨晚營區的還更多，這次Robert先用毛巾把洞堵起來，把跟著進來帳篷的蚊子一一消滅，我們才熄燈睡覺。

Date: 8 月 5 日

Day 6 | 563 miles | Kinaskan Lake Provincial Park → Whitehorse

早上醒來，精神、心情特別好，昨晚帳篷蚊子清零計畫奏效，兩人都睡個好覺。

持續向北開去，今天目標是白馬寺，不是，是白馬市（Whitehorse），想到要進入育空領地，特別興奮。四年前我們在加拿大的黃刀鎮（Yellowknife，忽然覺得加拿大這兩個地名很像武俠小說的地名）購買結婚戒指，我的是14K的黃金，上面鑲著來自黃刀鎮的黃金碎塊，Robert的是來自育空的黃金，上面雕著一隻老鷹。之後我就心心念念要去一趟育空領地。旅行在我倆的關係中，不僅聯繫感情，更創造出更多的美好回憶，如果可以拜訪兩個婚戒的原料產地，對我們意義非凡。

我們繼續行駛於37號公路，進入育空領地後變成育空西1號公路。我們在育空大路標前拍照後，繼續往北開，之後左轉到阿拉斯加公路。這條路之後會帶我們進入阿拉斯加。

這段路荒涼，加油站也不多，更不要說餐廳了；加上趕路，我們打算吃粽子當午餐。我這幾天在加拿大的加油站注意到一件事：不是每個加油站都有微波爐，有些即使有微波爐，也會貼個牌子說只能加熱店裡買的食物。這跟我們在美國的經驗很不一樣，難道接下來都要吃冷粽子？我用在美國生活的經驗來準備食物，以為到處都可以使用到微波爐，現在又要想著變通的方法了。

下午兩點，距離下個加油站還要開一個半小時，也很有可能還是無法使用店裡的微波爐，因此我們想了想，不如找個休息區，用自己的炊具來加熱吧。

美加的休息區跟臺灣的相形之下陽春許多，絕對沒有美食街提供餐食，最多就是有廁所，有飲料自動販賣機。這個休息區更是陽春中的陽春，什麼都沒有，就是公路旁一片石子地。

Robert 拿出爐臺，在鑄鐵鍋中放入一些小石頭，放上不鏽鋼盤，加水，把三顆粽子放在上面蒸。

雖然跟很多人露營可以煮火鍋加五菜三湯一甜點比起來，加熱冷凍粽子算是作弊行爲，但是事前準備，事後整理的工作還是比直接吃外食複雜多了。要有碗盤、筷子、叉子，準備醬料，還要備齊爐火、瓦斯、鍋子，吃完了，碗盤筷子要擦洗乾淨（我們不用免洗用具），然後將東西一一歸位。所以外食比較貴是一定的。人家幫你採買食物、備菜、醃製、煮食，然後面帶微笑的送上你面前的桌子，之後只需輕輕鬆鬆離開，而店家要清洗晾乾歸位，這些活別人沒有理由免費幫你做。所以要嘛我吃自己家裡帶的東西，如果上餐館，對於可以輕鬆坐在那好好吃一頓絕對是萬分感激，不敢抱怨外食好貴。

在休息區裡，天空是天花板，石頭是餐椅，冷風吹著，熱熱的粽子吃到後來是涼的，但是心情是平和的。

吃完粽子和早上買的藍莓後繼續上路，我又開始覺得累，黑暗力量襲來，眼皮快速投降，蓋上毯子，在搖晃的車上睡著了。

忽然一聲怒氣驚呼，我嚇得驚醒，怎麼了？剛才的爐臺忘了收？鑄鐵鍋留在休息區忘了拿？

「我開錯路了，我居然開回頭路！氣死我了！怎麼這麼笨？」Robert 憤怒的咒罵。

原來他從休息區出來後，走了往卑詩省方向的路。

「難怪覺得奇怪，怎麼 GPS 預測到達白馬市的時間越來越晚？」Robert 咬牙切齒的說。

我真的覺得好無奈、好煩燥啊！就這麼平白多開一個半小時的路程，白白損失這些時間，我多想在旅館好好休息啊！

我很想唸他，開車的人怎麼連方向都沒搞清楚？但是這時候講這些也沒幫助，平白耗損感情，我平常犯的錯誤也不會比較有智慧，現在只能繼續往前開了。只是一股餘惱未消，我原本希望早點到白馬市，好好逛一下那座城市，這下到達時很多店都關了。

開了兩天的車，一路都沒網路，終於有了一點要連不連的訊號，讓我查到一家書店，開到晚上九點。GPS說八點五十分到。呃，跟時間賽跑。我們眞的很需要阿拉斯加地圖書啊！

總算，我們在書店關門前到達，也順利買到書，我另外買了兩張明信片，準備寄給小孩。

晚上九點的白馬市，天光大亮，還要一個小時才日落呢！我們入住旅館後，忽然想買個汽水點心，可是很多店早已經關門，我上網查了一下，居然還有一家超市有開，我們趕快驅車前往。

這家超市開二十小時，而不是二十四小時，讓我覺得挺有趣的。裡面的東西走高級路線，逛起來很舒服。我們嘗鮮買了五種沒見過的汽水，兩顆李子，一顆加幣二．五元，還買了冰淇淋，夏天當然要吃冰啊！雖然這裡的夏天比洛杉磯的冬天還冷。

買完食物，終於快要落日了，天邊的雲層多，折射出日光多重色彩，我們找到一條河畔，水流滾滾，旁邊有廢棄的鐵道，落日餘暉，金光燦爛，美極了！

當天入住的旅館非常舒適，不用跟蚊子奮鬥，眞的輕鬆許多。我可以刻苦露營，享受跟大自然零距離的接觸，但我也可以享受舒服有冷暖氣沒蟲害的飯店。到了十一點天都還沒完全暗下，不過我們需要休息了。明天要再度進入美國，終於要抵達阿拉斯加了。

Date: 8 月 6 日

Day 7 | 598 miles | Whitehorse → Fairbanks

早上退房後，我看到路邊有水果攤，趕忙跑去看看。我們很愛逛水果攤。

攤子上的水果蔬菜種類多，品相也不錯，價錢肯定很貴。我跟老闆閒聊，這裡是北方苦寒之地，當地沒有農作物，都是從卑詩省運上來的。想想，新鮮蔬果來自這麼遠的地方，中間需要多少人力、多少油錢？我們從外地來旅行，不需要攜帶，不需要保鮮，輕輕鬆鬆就可以買到，多幸福啊！我花了四塊美金買了一袋小橘子。又甜又多汁，心懷感激。

我們繼續上路，往北而去。今天是趕路日，白馬市到費爾班克斯，十個多小時的車程，估計晚上十點之後到達凱悅酒店。我們訂了兩晚的住宿，是用點數換的免費房間，不然一晚要五百美金。

這段公路的路況很不好，非常顛簸，好幾次我整個人被震離座位。「哎喲！」我忍不住抱怨，「這路上坑洞也太多了！」

彷彿在回應我的不滿，前方出現一行腳踏車隊。車子經過時，我轉頭看腳踏車騎士，他們頂著風雨，全身肌肉緊繃，表情專注，用力踩著踏板往前走。我忽然慚愧起來，我坐在車中，腳上蓋著毯子，有車身為我擋風遮雨，想睡就睡，全身不需出力，跟他們比起來輕鬆好幾百倍，眞的不敢再抱怨了。

平常 Robert 開車，我就在一旁用電腦寫作。可是這段路太艱難了，車一彈跳，手指就按到錯的鍵，索性合上電腦，放棄工作，好好欣賞風景。

高山、湖泊、森林，一路綠意盎然，夏天是多雨的季節，細細雨絲帶著幽靜的美。這裡說是夏天，但是氣溫比加州的冬天還要低，穿著長袖長褲外套，其實是很舒服的。

育空領地除了白馬市外，大部分廣闊的土地都未墾拓，沒有人煙，甚至，一些原本的建築、加油站，現在都破敗成空屋，沒人管理。我們在幾個加油站稍停，裡面老舊不堪，架上沒有貨物，很難想像當地人的生活。

五小時的路程後，我們來到阿拉斯加！兩人的心情都非常興奮，開了七天的車子，終於來到這個夢寐以求的州。我們的一切準備、中間的不順，都得到美好的結果，未來一個月我們將在這裡盡情探索！

美國海關非常親切，照規定問了一些問題，我們誠實回答，很快就讓我們通過。我們正式來到阿拉斯加。這裡的風景跟育空領地的類似，綿延不斷的森林，沒有住家、城市，遠處有綠意盎然的高山，還有數不盡的湖泊、河流。這些水將流入阿拉斯加海灣（Gulf of Alaska），順著洋流往南到加州，就是我們在加州看到的美麗海洋。

這裡的加油站又恢復到有微波爐的狀態，廁所乾淨，有的還有淋浴間、洗衣房。看到小鄉鎮的存在，讓人充滿安全感。

經過十個小時的車程後，晚上十點四十五分到達酒店，我們終於來到費爾班克斯了！這裡比白馬市更北邊，日落得更晚。睡前我看一下外面，十二點已經日落了，但是天色還是沒有完全暗下來。

Date: 8 月 7 日

Day 8 | 135 miles | Fairbanks

這天起床，我們用過早餐，先去一個自然保護區，Robert 去看鳥。我對賞鳥的熱忱沒有 Robert 那樣強烈，這時候就會分開行動，通常我會待在車上工作。車上的位置狹小，不過我需要工作的空間不大，我需要的想像空間比較大。

旅行是擴展視野的最好的方式。那不是我整天坐在家裡就可以做到的。旅行中得到的視覺上的衝擊、經驗的累積、知識的學習，都是在幫我建立更廣闊的想像空間，刺激我有更多的靈感。旅行，對我來說不只是放鬆遊玩，更是自我成長的重要元素。

之後的行程輕鬆，先去戶外用品大賣場 REI 補買遺失的背包、登山杖、水壺，這樣花費超過五百美金——遺忘的代價啊！然後去 Costco 補充食物、飲料，再去書店買本女兒推薦的書。費爾班克斯是阿拉斯加北方的大城市，美國低緯度四十八州（Lower 48）有的連鎖賣場、餐廳，這裡都可以找得到，是這趟旅行中補充能量的好地方。

之後是今天的重頭戲：泡溫泉。「珍娜溫泉」（Chena Hot Spring）位在費爾班克斯東北方約一個多小時的車程。

看過之前兩本旅遊散文《華氏零度》、《追日逐光》的讀者都知道，我們很喜歡野溪溫泉，既然知道阿拉斯加有可以泡溫泉的地方，當然不能錯過。

這個珍娜溫泉是私人經營的，占地非常廣大，有很多小木屋、博物館，還有一大片的露營區、遊戲區、禮品店、餐廳等等。停車場都是車子，是個全家出遊的好地方。

我們來到泡溫泉的大木屋，分開的男女更衣室裡有廁所、淋浴間，以及吹風機和置物櫃。我帶著一瓶水來到溫泉池，這裡分成兩個區域，一個是小孩區，是室內泳池的型態；另一個在戶外，只有成年人能進入，水也比較深，到我的脖子高度。

溫泉池很大，即使這麼多人都不顯得擁擠。更讓人舒服的是，大家都安安靜靜的，就算交談，也都是放低音量語調。美國的大衆溫泉被當成一個修心養性，靜坐祥和的場所，沒有喧譁吵鬧，心也跟著池水溫暖起來。

池裡的水溫頗高，沒多久就需要爬上旁邊的石岸納涼。此時戶外溫度大約攝氏十度左右，泡著溫泉非常舒適。

上岸休息時我一直喝水，可是溫泉的溫度實在太高，即使涼風吹來，也要好一陣才降溫，等到我覺得冷了，才又下水，哇！一熱一冷好過癮啊！

我們沒有待很久，也沒有等到我不舒服才離開。澈底的放鬆！

回到女生更衣室，簡單清洗完畢出來更衣時，其他人來來往往，我有點好奇，別人會不會看到我的胸部？會不會一直盯著我看？會不會來問我問題？

這是雙邊乳房去除手術後，我第一次在公共浴室裸身，心中不安的騷動，又悄悄冒出來。

沒有。大家都忙著自己的事，忙著洗澡、更衣，媽媽忙著吆喝小孩，少女忙著整理頭髮，大嬸們忙著擦乳液穿衣服，根本沒人注意我。再度證明，最在意自己的還是自己。

我們打算在停車場吃了晚餐才離開。中午吃得很飽，我晚上只吃了一些燻鮭魚跟酪梨，兩塊巧克力當甜點，補充一些熱量，全身還是暖暖的。

Date: 8 月 8 日

Day 9 | 287 miles | Fairbanks → Sukakpak Mountain

在兩晚舒服的凱悅酒店住宿後，今天再度啟程趕路，要往北去普拉德霍灣（Prudhoe Bay）。昨天的奢華溫泉行程，是爲了對比日後三天的艱苦。

普拉德霍灣臨著北極海，是個開採石油的油田，所以開闢了一條公路從費爾班克斯一直北走。我們這樣的觀光客不能直接到達油田區，最遠只能開到一個叫死馬鎮（Deadhorse）的地方，然後可以參加當地規劃的旅遊團，他們會帶你坐遊覽車到海邊。這段公路單程完全不停要開超過十一個小時，我們打算中途停下來露營。

一路往上開，我們在美國唯一一條通到北極的公路道爾頓公路（Dalton Highway）行走，經過無數茂密的森林。今天一整天都在下雨。爲了這趟旅行，我們買了雨具（對，住在加州不需要雨具）。但是阿拉斯加的夏天正值雨季，我們一路上也眞的都多雲多雨，不過很幸運的，目前出來十天了，我們居然都還沒用到雨具。停下來看風景，泡溫泉，看熊抓魚的精采時刻都沒下雨，大部分的時候都是開車趕路時遇到。接下來一定要多做好事，老公開錯路也不要碎碎唸！

除了廣闊無邊的森林外，一路上可以看到一長條的粗大管子跟著我們向北延伸而去。這是把開採出來的石油從普拉德霍灣運送到南方的方式。

一九六八年在普拉德霍灣的北坡自治區（North Slope）首次勘查出石油。一九七三年，在對環境衝擊、野生動物遷徙、地震等考量下，參議院以微小的差異通過阿拉斯加原油輸送管建設法案。一九七五年三月第一段輸送管開建，這條綿延約八百英里，耗資八十億美金的輸送管，在一九七七年五月三十一日完成。

輸送管不是直線的，爲了因應地震、溫度變化，需要給輸送管膨脹、緊縮空間的設計，因而以「之字」的方式建造。

一九七七年六月二十日，首度將石油從從阿拉斯加最北的普拉德霍灣北坡自治區，經由這條直徑四十八英吋（一百二十二公分）寬的輸送管，以每小時四英里的速度向南流，經過八天到達南方的瓦爾迪茲（Valdez）。

這條原油輸送管，綿延上千里，工程浩大，但也是從那之後造就上萬人的工作機會。石油從地底被汲取出來，輸送管像是動脈，運送石油這個經濟血液，榮盛這片土地，它不僅是阿拉斯加特有的景觀，更是阿拉斯加重要的經濟命脈！

中午停在育空河營地（Yukon River Camp）買紀念品、吃中餐、加油。我們點了鮭魚堡、鮭魚湯，眞材實料，味道眞好。在小餐館裡，暖氣充足，食物味道讓人安心，遊客們友善的互相打招呼，在蕭瑟的北地旅行中，增添不少溫度。我們聽到一個遊客說，他從費爾班克斯步行來到這裡，花了五天的時間。他要走路到北極去。

上次看到騎自行車的，現在還有人用雙腳走到北極，他們的家當可是要全部背在身上，那種體能上、心理上的毅力，種種艱難不是我們坐在車子裡的舒適可以比擬的。

只是，車子有車子的舒適，也有它的危機。吃完中餐，我們準備去加油，晴天霹靂，他們的油用完了！這個因爲產油而發展的地方，卻有汽油短缺的問題！

來到這麼荒北的地方，汽油短缺，可是非常可怕的事，我心裡慌張起來。Robert 算一下里程，「下一個小鎮是一百二十英里，我們剩下的油勉強可以到那裡的加油站。不然就要用備用油桶了！」這次爲了保險，我們帶了一個小油桶，綁在車頂架上，在加拿大的時候有幫它加滿油，可以讓我們多開一段路。

開了六十英里後，我們進入北極圈。這是件大事，也是這次旅行的重頭戲。北極，聽起來是多麼遙遠的地方啊！夏天長晝無夜，冬天長夜無日，氣候極寒，冰雪覆蓋，北極熊出沒。這個遠離五大洲，遠離人類文明的地方，到底是怎樣一個神祕國度？多想看看那樣的景色，多想經歷一下那樣的樣貌。

我們在北極圈的大路標下拍照留念，這是這次的路標中最讓人興奮的。從此，我們正式進入北極圈了！

很明顯的，四周空曠起來，樹木開始變得稀少、矮小，石油運送管線在我們身邊綿延，遠山在眼前延展，湖泊四下分散，風勢變大，我們來到從沒經歷過的世界。

Robert 一直注意著里程數還有油表指標，油燈終於亮了起來，但幸好我們距離寇德福特（Coldfoot）加油站只剩五英里，順利達標，不需要用到備用油桶。這裡除了有加油站，還有餐廳，提供熱食到半夜十二點。此外，還有一個郵局與遊客中心，我在這裡寄了兩張北極圈路標的明信片給兩個小孩。加滿了油，心裡又篤定許多，我們朝更北方開去。

我們並不打算直接開到死馬鎮，經過蘇卡帕克山（Sukakpak Mountain）時，決定在這紮營。我們停靠在公路旁，仰望這座高山。蘇卡帕克山是一座高聳在北極平原上的巨石山，山上沒有植被，因造山運動被推擠上升的巨石上，布滿灰色、褐色、黑色、白色的紋理。山勢巍然直立，堅硬挺拔，能在蘇卡帕克山的腳下，與它共眠一晚，更是讓我覺得謙卑、敬重、感恩。

「我想走一段路！」我提議。晚上九點，離天暗還好久，總覺得去睡覺很詭異。人類的時間感來自……手機，不是，最原始的時候，是來自日出日落，用天光判斷時間。日出而作，日落而息。但是在北極，夏天的日不落成了難以衡量的困惑。我也不禁想，冬天呢？那喚不起的陽光，那沉重的黑幕，是不是也壓著人，難以行動？

外面氣溫攝氏八度，雖然不溫暖，但是我們經歷過比這個嚴寒許多的冬天，現在的溫度算是溫和的了。兩人穿上保暖衣物，我們驚喜的發現這裡沒有蚊子，走起路來非常的舒服。

大約往前走了不到一英里，發現這裡有個簡單休息區，有營地廁所、垃圾桶，還是可以看到山，還是在山腳下，但是與公路有段距離，是比較適合露營的地方。

「我們回去把車開過來！」Robert 說。我也同意。

此時，天色越來越暗，雲層越積越厚，看來快下雨了。我們快步行走，但是還是來不及趕回車邊，雲已經承受不住雨的重量，讓它墜落人間，灑下大地。

我們這趟旅行，天天遇到下雨，卻是第一次行走在外被雨淋到。北極圈的雨，就是這麼讓人容易原諒，一切都可以商量，誰叫它出現在這麼特別的地方？我仰著臉，手臂張開，極地之雨落在臉上身上，一顆顆的水珠帶來溼意冷意，也牽起臉上的微笑。

這裡是從進入加拿大後，第一晚沒有蚊子的營地。我們紮營的位置位在北極圈內，相當於北極圈以北九十英里處。野地露營，不用錢。

Date: 8 月 9 日

Day 10 | 282 miles | Sukakpak Mountain → Deadhorse

昨晚入睡時，半夜十二點，天色稍微昏暗，凌晨四點醒來，好奇的看一下天色，還是一樣沒暗下來。

早上六點半起床，打開帳門，眼前矗立的山石跟我們說早安。我開門見山的說吧，我太喜歡了！此時外面的氣溫攝氏二度，山石上蒙上一層霧氣，氤氳渺渺，仙氣濛濛。營地旁有條小路，通向河邊，我們用手試試水溫，沒有想像中的冰冷，這裡的石頭好美，是來自極地的石頭，一定要帶幾顆回去做紀念。

「你看，山上有雪耶！」Robert 指給我看。昨天這座光禿無塵的石頭山，最上方一塊斜坡，現在蒙上一層非常薄的雪。同時，我也感到天空再度下起細雨。我們盡快收起帳篷，在雨勢變大前離開。

這裡開始，我們要開上山脈。這段山脈叫布魯克斯嶺（Brooks Range），位於北美洲的最北方，東西橫貫六百八十英里，比兩個橫放的臺灣還長。從美國阿拉斯加到加拿大的育空領地。最高的山峰有兩千七百三十公尺。這座山脈位在地球最偏遠的北方，避開了人類大規模文明發展，但是還是有兩項工程穿過阿提貢山口（Atigun Pass），一個就是我們行駛的道爾頓公路，另一個就是阿拉斯加大油管。這兩項都是為了汲取石油而開闢的。此外，則是有當地的原住民，用他們的艱苦毅力在北極建立家園。

我們要開車越過這個山脈才能到北極海。

越往上走，雨勢越大，碎冰夾雜著出現，接著碎冰變成了雪。雨刷來回用力的刮去想停留在擋風玻璃的冰，但是雪越積越多，只能鏟出兩個重疊的半圓讓我們可以看到前面的路，其他的部分結了一層冰雪，擋住視線，彷彿我們住在雪洞中。

北半球大部分的地區在這樣的八月天迎領著太陽的照拂，溫暖炎熱，而此時我們受著冰雪，顛簸寒冷。四周現在一片白茫茫，每座山頭都染上雪花，路上石礫混著冰粒，我們開得更加小心，一點點往上爬升，四輪傳動的老車載著兩個人跟一堆裝備，使力再使力。

我們來這條路的最高點阿提貢山口，溫度攝氏零下二度。前後沒有人車，只有我們，品嘗天地間的孤冷，跟山與雪融合在一起。

我們在北極。

我們在北極。

我們在北極的山脈上。

我們在北極的冰雪山脈上爬升。

這些念頭每五分鐘飄來一次，像是山霧，夢幻、不眞實，卻又眞的存在。

過了山頭我們開始往下坡開，兩旁高聳的山勢依舊覆滿積雪，但是行駛在山谷中已經沒有下雪了，太陽努力在厚厚的雲層中露出一點光芒，消融出一些雲霧，讓我們看到一點點藍天。想不到北極之地的地理景色變化這麼大。再往前開，脫離了山群來到平原，這裡又回到綠意盎然的草地和矮樹林。

只是我的疲倦又出現了，無法控制，雖然我百般不願意在北極美景中睡去，但是有時身體狀況就是會強大過我的意志。這種疲倦幾乎每天發生，甚至有時候一天數次，在家的時候就是昏倒在沙發上。至少，現在不是在無用中度過疲倦，我們是在北極，在北極山雪中入睡，怎樣都比睡在家裡沙發上聽起來浪漫多了。

等我醒來時，我們又來到不同的極地景觀：苔原（tundra）。這裡沒有山，也沒有樹木了，觸目所及是一大片一大片的平坦之地，上面覆蓋綠色的苔蘚，還有大大小小的沼澤，水窪分布在這個苔原上。我先前一直心心念念想親眼看到這種極地的特殊地景，現在要開幾個小時的路橫跨這片苔原，親身體驗，努力把每一寸景觀留在眼底，印在心裡。

在平坦的苔原要看到野生動物比較容易，於是我們睜大眼睛尋找。此時，一隻巨大動物出現在公路旁，「麝香牛（Musk Ox）！」Robert 大喊。

麝香牛是極地特有的大型哺乳動物，外型跟美洲野牛有點像，不過額頭上有兩隻長長彎彎，S型的角（我覺得跟喬治・華盛頓有點神似）。麝香牛全身覆滿黑亮的毛，隨著走動，長長的毛像洗髮精廣告中的美女，隨風飄逸掃動，陽光也在毛上閃出漂亮的黑褐色光。眞是美麗的動物啊！我在公園遊客中心看到麝香牛的照片，當然希望可以有點好運，即使遠遠的看著身影也好。但是不敢抱太大希望，畢竟北極苔原是這麼的廣大，牠們隨意走動，靠近人類活動的公路邊的機率肯定不大。但是我們看到了！而且還這麼靠近。

牠沿著公路旁慢慢走著，我們下車，安靜小心的跟著牠走。有時候牠會轉過頭來看我們一眼，在陽光的照耀下，反射出晶亮的眸光，我們跟牠眼神交會，某種默契在人跟動物間交換，我們不會互相干擾。牠走過一漥池水，身底下蓬鬆的長毛浸到水，牠不以爲意，又爬上小坡，長毛一路滴著水，像是一排水簾。

牠遠遠看著我們一會兒，然後繼續低頭吃草，我們遠望觀察，保持一個安全距離。不驚擾野生動物是一種尊重，長鏡頭相機，高倍數望遠鏡是野外欣賞動物必備的器材。在這片土地上，牠們才是主人，我們是闖入的過客。牠們容忍人類的窺看，是我們要珍惜的福氣。

照了相再度上路，目標是路的盡頭——死馬鎮。這裡其實不是眞正的城鎮，而是油田。下午兩點半，我們來到這個工業區，到處是大型貨車、重型機械、廠房等等，路面泥濘，北風蕭瑟寒冷，整個城鎮是沉重的灰色。雖然是八月天，外面體感溫度攝氏零度，可以深深感覺到在這裡工作人們的艱苦。

我們迅速在車中吃了中餐（加熱的烤鶴鶉，家裡事先煮好冷凍帶來的），加了油（喔，這裡的油超級貴，八美金一加侖！），來到一棟老舊、明顯沒有維修的建築。這是我們從費爾班克斯開了兩天的車的目的地。

我們不能再往北開，因爲這裡都是私人油田、工業重地，但是可以參加當地的導遊團，帶我們往更北處探索。

北上這兩天的車程，大部分的時間都在下雨或下雪，再度幸運的，我們參加這個導覽時雨停了。小巴士帶著十三位觀光客更深入北行，經過一個哨站，他們會檢查我們的護照，看來挺嚴格的，導遊沿路解釋這些大型石油公司的運作歷史、地理環境等等，然後帶我們到海邊。

我們住加州，什麼漂亮的海邊沒看過？可是這個寒冷，風又大，廠房林立，烏雲密布的海邊；這個沒有藍天、沒有湛藍海水的海邊，卻讓我們願意開兩天的車子，穿上最厚重的衣服，破例花了大錢參加導遊團，就是因爲這裡是北極海！

這是遊客唯一可以見到北極海的方式。此時是當地的夏末初秋，海水上的冰塊都融化了，我們看到的是褐灰色的海水，隨著大風吹著，海浪一波波的拍打沙岸。

北極海，位在地球最北方，最遠離人世塵間的一片海。美國、蘇俄、格陵蘭、瑞典、加拿大、冰島、芬蘭，八個國家環繞這片海，擁有這附近的海權。但是海就是在那裡，不屬於任何人。它一年一半的時間處在日照下，沒有黑夜，卻無法溫暖，另一半的時間被太陽遺棄，完全黑暗，冰天凍地。

颯颯的風吹著好冷，每個人縮著脖子，全身包緊緊的，迫不及待走向海邊。大家安靜隨意走動，各自用不同的心情領受周遭一切。

我來到北極海了！我看到北極海了！

導遊說，北極就在前方一百英里處！我遙望海的那頭，地球自轉軸的最北端就在那兒。一般人無法到達，而當地的因紐特人（Inuits）會去那捕魚捕鯨，用臺灣夜市繁華之眼來看，這裡蕭瑟無色，粗鄙無華，杳無人聲。但是許多生命也在這找到出路，堅強不息，海土相接，生命相連。

導遊發給每個人一條毛巾，「如果你們想下海泡一下，非常歡迎！車上有暖氣喔！」

我來到海邊先照相，然後抓了一把沙子放在袋子裡，準備帶回加州做紀念！北極沙耶！然後我脫下鞋襪，捲起褲管，踏入海水中。

我踩入北極海了。最北方，最冷洌的海。

腳上裸露的皮膚浸在海水中，我身體的一部分跟北極直接接觸，那是一種難以描述的奇妙感覺。

浪並不大，淺淺的浪起浪落，拍打著腳，第一瞬間其實並沒那麼冷，是可以忍受的，大約兩秒後才覺得冰冷，我走了幾步，踢踢水，然後趕快離開，擦乾穿鞋，一點也不會不舒服。

這時，岸的那頭傳來幾聲驚呼，我們走過去看，原來同團一名男子脫光衣服，只著內褲，大步走進海中，直到他的腰部深的位置，他潛入水中，開始游泳，來回游了好幾趟，在大家的鼓掌中，再走回岸上。

看著別人做自己沒有勇氣做的事，有種療癒，彷彿體內某個想冒險的因子得到安撫，大家臉上冷僵的表情都放鬆了，笑語不斷，有人欽佩有人讚嘆。我想著，這個男孩在這一生中，可以自豪大聲的說「我在北極海游泳過」，這樣的驕傲，眞的很値得！

離開北極海，我們一路向南開，北極苔原是生態保護區，不讓人隨意進入。但是一路上間或可以看到一些比較平坦空曠的地方，有人紮營，有車停靠。今晚我們決定在苔原上搭帳篷。

苔原的凍土不是平的，高高低低，凹凹凸凸。別看是北極，在這個苔原裡，也孕育許多哺乳動物，大型的如：馴鹿、麝香牛、狐狸，也有小的像是極地松鼠（**Arctic Gronud Sguirrel**）。這些極地松鼠在地底挖洞築巢，弄得到處都是坑洞。我在帳篷邊走動，想看看能不能找到野生動物，居然沒注意整個人摔進一個洞中，原來野生動物就在你身邊！滿地的泥濘，人當然也沾到了，沒得洗澡洗衣，只能盡可能用溼布擦乾淨。

這片空地上並不只有我們，另一頭也停著一輛車。有點遺憾我們不是獨享這片天地，不過極地的旺季也不過多一輛車一起共享，算是奢侈。

晚上十一點，天還是沒暗下來，雲層聚集起來也擋不住光亮。幾隻極地蚊子嗡嗡繞著，我們全身只有臉露在外面，牠們也不放過。苔原在我的視野極限中無限遼闊，只有這條公路南北貫穿，筆直而行。忽然，我想起千年前孔子講過的話，原來當時他對北極就有深刻的描述，他說：

有直，有亮，有多蚊。

Date: 8 月 10 日

Day 11 | 270 miles | Deadhorse → Arctic Circle

昨夜下了一整晚的雨，風吹得帳篷啪啪響，早上聽著雨點持續打著帳篷的聲音，心想，這下真的要在風雨中收帳篷了，不能整個路程靠好運度過。不過等我出了帳篷後發現，其實雨勢不大，大約是你走到樓下 7-11 可以不用撐傘的程度；風也不強，大約是頭髮還維持在腦後不撲面的程度。原來是帳篷的薄帆布發出的聲音放大風雨的強度，加上人總愛增強對大自然變化的不適感所造成。或許應該說，人總愛增強自己的不安感，放大心中的恐懼。

「我開了車門，你快上車，我來收帳篷。」Robert 說。雨雖不大，但是戶外站久了也是會溼。他總是盡最大能力讓我保持不被蟲咬、不被雨淋的舒適。

當他收完帳，把其他的物件一一放進車內，發抖著坐進車裡，我眞心的跟他道謝。

「喔！我才要謝謝你，願意忍受一切不適跟我一起露營，跟我去一些比較艱苦的環境。我至少可以讓你盡量保持舒適，畢竟沒有多少太太願意跟先生這樣旅行。」Robert由衷的說。

這是我們兩人之間常有的對話。他說的也是眞的，雖然自駕比騎重機、自行車、徒步行走，還嬌貴安適，但是我們這樣的旅行方式，對我身邊的人來說，還是很少人做到或願意去做的。

很多事其實有兩種不同的思考角度，他大可以抱怨，爲什麼兩個人露營，架帳篷、收帳篷、打包東西都是他在做？爲什麼兩個人自駕遊，都是他一個人負責開車？不過他的角度是，我願意跟他一起做這些事，我身體這麼不舒服還願意出門，他覺得萬分感恩跟佩服；他也知道，不是很多女生能忍受這樣的方式，所以他應該努力爲我設想，讓我更願意跟他出門。

心存感恩，不要把對方的努力視爲理所當然。

不過呢，當我正滿懷感恩寫下這一段文字時，Robert 連聲氣憤咒罵。今天要離開北極圈，開車往南。可是此時，我們卻往北開去。對，他又開錯方向了。北極路就這麼一條，不是往北就是往南，這樣也可以弄錯。除了浪費時間、浪費里程外，在這裡，還有一個更重要的問題——這條路中間只有兩個加油站，萬一把油用光了，還沒處可加，我們沒有開錯路的餘裕，這次眞的要用到備用油箱了。

「我們多開的路程，可以用掉半桶備用油了！」他咬牙切齒懊惱的說。

啊！生活就是這樣，起起伏伏，高高低低，就像現在開的北極路，一路有風景美好，天氣晴朗的地方，也有坑坑洞洞，大風大雨大雪的地方。而我們就是不能放棄，繼續走下去。

中午在路邊停下來蒸粽子。幾天沒住旅館，只有一頓中餐外食，其他都是自給自足，完全有在北極探險的風貌。

當我們到達寇德福特加油時，很幸運的尚未需要使用到備用油桶。在這裡，遇到一位重機騎士和我們搭話，對我們的車頂帳篷很感興趣，他說他也有輛 FJ Cruiser；我也對他的重機很有興趣。他來自杜拜，跟朋友從二〇一六年開始，分段式的從阿根廷最南端，騎車到阿拉斯加的最北端。分段的原因是，騎了一段後要回去工作賺錢，攢夠了再接下去一段，這次是第十一段路程，也是最後一段。從美洲最南端，靠近南極的地方，到最北端阿拉斯加北極海，這是多麼壯闊的旅程啊！我眞是萬分佩服他們的計畫。很多旅行不見得要有錢有閒才能完成，有心要去哪，都有方法的。像他們這樣，一段段的完成，又兼顧工作、責任，這也是一種生活的方式。

加油站的另一頭，有四輛皮卡（pickups），每一輛後面都可以看到北美馴鹿（Caribou）長長的鹿角。有一輛上面甚至有五對角！現在是合法打獵的季節，我們一路上都可以看到這樣的車子經過，這次在停車場遇到，車主也在旁邊，我過去詢問可不可以照相，摸摸鹿角，車主大方的讓我過過癮。此時鹿角外面包覆一層茸茸的細毛，摸起來非常舒服，不過不久之後就會掉落，成爲我們平常看到堅硬光滑的樣子。獵人告訴我，北美馴鹿的肉非常好吃，他們這次大豐收！阿拉斯加天寒地凍，沒有農作物，因此打獵的獵物，釣魚的漁獲，都是他們重要的食物來源。

傍晚再度回到北極圈的地標，這次我們決定在這裡的營區露營。露營是免費的，但是我們給了五美金的捐獻——在北極圈露營三個晚上，總共花費五美金！

三天沒洗澡，只用溼紙巾擦拭，天氣冷，也不會出汗出油，反正頭上都會戴帽子保暖，沒人看出我的頭髮沒洗。說實在，這裡很多人比我更風塵僕僕，大家的注意力都在北極這個特殊美妙的旅程上，誰開的路程最遠，誰的車子被泥漿覆蓋得最多，誰的裝備最特別，這些才是眾人所津津樂道之處。

不過紮營這晚，我還是要求洗頭。Robert架起露營用的爐子，把水加熱後放進寶特瓶中，我蹲在樹林裡，小心節省著用水，熱熱的洗了個頭，頭髮變得飄逸蓬鬆，覺得豪華。

Date: 8 月 11 日

Day 12

222 miles

Arctic Circle → Fairbanks

昨晚入睡前，頭一陣劇痛，是泰莫西芬的副作用，吃藥也不見得有效，只能帶著頭痛入睡。早上起床，頭疼還在，心情有點受影響，不過決定來做件讓自己開心的事。

自從罹癌後，我每天快走兩英里，這是抗癌的方式之一，也是維持體力的法則。出門旅行，有行程要趕，有重點的景點要體驗，這樣的習慣比較難維持。今天早上，我打算走一小趟，從露營點到北極圈地標。地標這種東西，去過一次，照過一次相留著紀念就夠了，不過北極圈實在太難得、太特別了，想想，把「去一趟北極圈」作爲早上固定的運動項目，這樣的經驗，不是每天可以實踐的！

這條短步道來回一．五英里，連著幾天的雨讓砂石有點泥濘，兩旁都是與人同高的矮樹叢，粉紅帶一點紫的野花柳蘭（Fireweed）到處盛開，努力在短暫的極地夏日展現豔麗，完成生命的程序。灰噪鴉（Canada Jay）飛過，牠有著灰白的身軀，黑臉，白額，長尾。在枝頭上跳躍的牠們看似輕鬆優閒，但是八、九月是牠們為冬天儲存食物的季節，此時正在林子間為過冬忙碌著。橙冠蟲森鶯（Orange-Crowned Warbler）黃綠色的身軀吸引Robert的目光，這是北美常見的鳥，在我們住家附近也可以看到，但在加州的夏天是看不到牠們的。此時牠們回到北方築巢繁殖，等再過幾個月，天氣轉冷才會南飛。所以我們來到北極，終於看到牠們夏天居住的環境。

我們繼續往前走。眼前一隻兔子出現，這隻兔子是我在北極圈中看到的第一隻兔子，是阿拉斯加特有種類，加上北美馴鹿、麝香牛，這些動物都是以前沒見過的。黑棕色的兔子在路旁吃草，長長的耳朵裡面一圈是粉紅色的，看到我們靠近，機警的跳入樹叢裡。

回到營地，頭還是痛，但是知道我不是躺在家裡沙發哀號，而是經歷這一小段極地微健行，心裡特別開心。這是我與抗癌藥物副作用共存的最新方式。

我們準備拔營往南。補給水一向是我負責的工作，我清點一下，我們帶來的水，露營三天後，吃喝加一次兩人洗頭，只剩一公升，掐得有點緊，下次要注意。食物一向充足，回到費爾班克斯可以再補充一些水果。

我們在下午回到費爾班克斯。第一件事是去吃大餐，旅行中我可以刻苦，但也不會把享受當成禁忌。我們到了餐廳 The Pump House，侍者說五點才供餐，那時才四點多，我們決定先去洗車。

這趟北上北極圈行經的道爾頓公路黃沙漫漫，上去時一路下雨，黃沙變黃泥漿，車子駛過，泥水四濺，躲也躲不過。這條路走一遍，每一輛車子都覆蓋了泥漿。我們的車也像是從泥漿裡撈上來般，整個車身披上了泥漿面膜！每次在加油站停下來，大家都會互相瞄一眼對方車子的慘狀，彷彿黑幫大哥們互看一眼對方的刺青，覆蓋的面積越大，顯得越讓人敬畏。

車子沾滿泥漿，看起來很輝煌，很有冒險的成就感，但是很容易不小心就沾到衣服，我的衣褲也都是泥漿痕跡，真慘不忍睹。找到一家自助式的洗車店，先把泥漿沖乾淨，隨著強力水柱的沖刷，終於再度看到車子的面貌了！

五點吃大餐，帝王蟹、馴鹿肉、牛肉沙拉、蛤蜊濃湯，好有飽足感啊！吃不完的食物留著明天當中餐。

我把大餐貼在網路上，有人問我這樣多少錢，我說大約兩百美金。

「好貴啊！」對方驚呼。

的確是比吃麥當勞貴，也比自己做飯貴。但每樣食材特別，也不是到處可見的，這價錢非常合理，我只有感恩，沒有抱怨不滿。有本事我就帶食材自炊，不然就不要嫌棄。而且我們叫了四道菜，吃不完的打包，留到第二天中午還是非常好吃。

飯後再去加油，然後去 Costco 買了櫻桃、藍莓。水果是這次旅行最主要的點心，在這上面花錢我們從不手軟。在附近找了一個私人露營區 Tanana Campsite，有電有水，我們舒服的洗了澡，還用了洗衣房洗了衣服。一身僕僕沙塵隨水沖洗而去，但是北極的記憶還在腦中圍繞，冷風細碎的呼嘯還在耳邊徘徊，心中的翻騰，還是不容易平息。

Date: 8 月 12 日

Day 13 | 309 miles | Fairbanks → Talkeetna

我們在營區把所有的水瓶裝滿了水，去 Costco 補貨，再度上路往南，往安克拉治前進，為下一個目的地做準備。

我們開了兩個小時的車來到丹奈利國家公園和保留區（Denali National Park and Preserve）。

還沒進國家公園，我們先到外圍的商家走走。Robert 一向對這種東西沒興趣，只想看自然景觀跟野生動物。我一向也是不買紀念品這類的東西，一來對於國外大量製作的「當地紀念品」總是覺得邏輯哪裡怪怪的；二來，更多時候，花錢買回來的紀念品，常常只是積灰塵又占地方的雞肋。

但是這趟旅行我破例想買一種廚房用刀——烏盧刀（Ulu）。烏盧刀原來是阿拉斯加原住民當地製作的一種萬用工具，是眞的用來切食物的刀，是實用的東西，這次在阿拉斯加不同城鎮的禮品店，我都會注意看，但是一直沒看到喜歡的。

在逛了幾家廉價粗糙、外國進口的紀念品店後，我們來到另外一家小店，我一進去就愛上了。裡面擺設是各種動物的骨頭、角、石頭、化石等，還有用這些自然做成的飾品、用具等。這裡的東西跟我之前在其他禮品店看到的不一樣，品質明顯好很多，價錢當然也高許多。

我對刀具一直很有興趣，便跟老闆聊起來，原來這裡的刀，很多都是他跟另一位當地藝匠製作的。他很誠實的講，哪些是他全部手工做的，哪些他只做了其中的某部分，用什麼材料做的等等。

我跟 Robert 分別看上兩款烏盧刀。他喜歡的是當地藝匠製作，刀刃的部分有波紋狀，花紋有如行雲流水般的大馬士革刀，刀柄是精緻的木材；我喜歡的是普通的鋼刀，但是刀柄是麋鹿的角。兩個都是可以拿來實際使用的烏盧刀。

買了兩把刀，我們來到眞正的公園裡。這個國家公園有北美洲最高的山——丹奈利峰

（Denali），海拔六一九〇公尺。這種規格的山不是我們這等級的遊客可以隨便親近的，遠遠的仰望總可以吧？

「這山哪是你想看就看得到的？」Robert 嗤之以鼻。

「爲什麼看不到？」我好奇的問。

「就像你想看麋鹿，也不是隨時都可以看到啊！」Robert 說。什麼理論啦！

「麋鹿會走動，山又不會動。」我不服氣的反駁。

「因爲天氣雲層的關係，這山有三分之一的時間是看不到的！這也是這裡有名的地方，遊客們都知道『找山』是探險的一部分。」Robert 解釋。

這麼神祕啊！原來看不到也是一種特色。

他看了一下地圖說明，「公路旁有個觀景處，我們可以去試試運氣。」我們開車來到觀景區，這裡有個標示牌，標出這座山最高峰的位置，一群遊客在身邊，指指點點，萬般猜測，可惜今天雲層太多太低，山峰完全看不見，彷彿不存在似的，一點也不肯輕易現身。

阿拉斯加夏天多雲多雨，行前我們就知道了，除了備齊裝備外，還有心理的準備，有些計畫可能不能行，有些計畫可能要在雨中行。這中間免不了有遺憾，但遺憾也是另一種美，怎樣不破壞心境的美，就是課題了。

看山不是山，那就不執著要看這山。我們離開觀景區，來到一條健行步道，這步道沿著薩維奇河（Savage River）來回共兩英里。步道高低起伏不大，兩旁高山聳立，湍急的河水切穿山谷，滾滾向南而去。兩旁緩降的山坡上布滿高山植被，可是這山谷只有兩千英尺高度，但是這裡位在高緯度的阿拉斯加，所以不像在加州，要到四、五千呎的高山上才看得到這些高山植物。

離開丹奈利後我們再度南行，來到塔基特納（Talkeetna），我們計劃在這裡搭私人飛機去看冰河。但是兩個半小時的車程一路下雨，不知道明天能不能成行？

晚上訂了一個小木屋，一百四十美金一晚，只有一個房間，衛浴要和其他人共用，這價錢在阿拉斯加算是非常便宜。阿拉斯加大部分的時間天寒地凍，物資都要本土運送過去，所以物價超高。我估計房間這麼便宜，還是臨時訂的，一定破舊不堪，發霉長蟲，蚊子亂飛，我有心理準備，這一路都下雨，有一晚不用打開帳篷可以稍微放鬆一下就很幸福了。

我們終於在半夜到達。車子停在一棟木屋前，屋主傳簡訊給我，給了長長的指示：屋內要脫鞋、門要拉上不然蚊子很多、Wi-Fi密碼是多少、如何拿鑰匙等等。我一進去就喜歡上這個地方，寬敞的客廳、廚房，非常乾淨、舒服、精緻。樓下三個房間，兩間衛浴，樓上六個房間，也有兩間衛浴。我們的房門打開著，門鎖上插著鑰匙，就這樣，沒有人接待我們，自助入住。我好喜歡這樣的信任系統。

Date: 8 月 13 日

Day 14 | 106 miles | Talkeetna → Anchorage

睡了一個好覺，這床墊也太舒服了！通常廉價汽車旅館的床墊都是萬年不換，凹陷難睡，而且噴滿人造香味清潔劑，企圖掩飾前一個客人的菸味、房間的霉味。但是這裡不會。房間乾淨，布置簡單，他們提供毛巾，浴室裡也有沐浴清潔用品。

我們來到樓下，已經有別的客人早起煮咖啡、做早餐了。大家在公用空間喝茶閒聊。

在臉書上，我的親朋好友都很捧場，一直誇獎我們好厲害，開這麼久的車子等等，讓我也把自己想得很厲害。但是在這裡，每個旅客都有精采萬分的故事，有人從猶他州開車來，有人從東岸騎重機來的。人家問我們哪裡來，加州，喔，我也在舊金山待過。就這樣。沒什麼了不起的。

今天本來計劃搭小飛機從空中看山，降落冰河行走，但是天氣還是不佳，雲壓得低低的，擺明了會下雨。所以我們開車去塔基特納小鎮走走。

這是個離安克拉治兩個小時遠的山區小鎮，別看它在這麼偏遠的地方，遊客很多，外面還下著雨呢！

每一家店都是當地人經營的生意，不管是餐廳、點心店、導覽團、禮品店，沒有一家是連鎖經營、全美國到處都是且長得一樣的大商場。這裡每一家店都有特色，賣的東西也都不同。

我在一個小攤子上看到一些像是樹瘤的東西。手掌大小，像是被切一半的圓錐體，表面有波浪般一條條半圓的紋路，另外一面則是平的。

「這些是蕈類，長在森林樹幹上，阿拉斯加的原住民用這個來移動火種。」叫賣的小哥親切的說。

這種蕈類的學名是木蹄層孔菌（*Fomes Fomentarius*），英文俗名有 Tinder Conk、Hoof

Fungus等。在沒有電、沒有瓦斯的古早年代，當地居民利用這種長在樹上，形狀像馬蹄的蕈類來當火種傳遞工具，他們在在乾燥的蕈體中心鑽一個深洞，然後把燃燒的木屑餘燼放到裡面，再用挖出來的蕈殘渣塞回洞口，餘燼可以在裡面維持緩慢燃燒的狀態好幾天。阿拉斯加的原住民就是用這種方式把火種從一個地方帶到另一個地方，從一個部落帶到另一個部落。不僅在阿拉斯加，在加拿大育空、歐洲等地區也發現同樣的使用方式。一九九一年在阿爾卑斯山脈地區發現的「冰人奧茲」（Iceman Oetzi），他使用的物品中，就有這種用來起火的蕈菇。

現在的阿拉斯加原住民當然也是用火柴、打火機。不過之後每次在森林中看到大大小小附在樹幹上的蕈類，知道在千年前，這些蕈類是聯結人類文明的發展，彷彿聯結到當時生活型態，讓我感覺又神祕又眞實。

另外，我喜歡動物的皮毛、骨頭、角之類的東西。皮毛在美國其他地方不容易看到，因爲動物保護法，在美國穿戴皮毛會被人厭惡、看不起，但是在這裡到處可以看到。我不會去買皮毛類的東西，但是看著也覺得著迷又驚奇。鹿每年都會換角，在野外有撿到角的機會，所以鹿角的產品我可以接受，這裡幾乎每個店家都用不同鹿的角做裝飾，真希望有一天也可以幸運的撿到。

在一家店裡，我看到牆上有兩個面具造型的東西，之前都沒看過，我詢問老闆，她說材質是鯨魚脊椎骨盤，然後原住民在上面雕刻臉型。

這個面具上有著像劉海的線條，眼睛瞇著，眼角下垂，臉頰微鼓，嘴脣抿著，臉上表情簡單，神色卻多樣，有著對生活困苦的無奈，但不顯得自哀悲苦，我看到一種特殊的平和，一種禪意，還帶著堅毅的韌性。

這東西看起來很古樸，沒有粗劣上色，我很有興趣，便好奇詢問價錢，老闆娘不確定，請老闆出來拿下來看，他翻到後面，沒有標價。

「所以這東西不賣嗎？」我失望問。這裡很多店家，裡面擺放著自己的特別收藏，是非賣品。

「賣啊！」老闆娘想了想，「賣你一百九十五元。」

我眞的覺得很特別，Robert 也是，眞糟糕，兩個人都想買，沒人勸阻。

這時，老闆又拿下另一個面具，他翻開後面一看，標價兩百九十五元。

「原來是兩百九十五元！不過你要的話，還是賣你一百九十五元。」老闆娘乾脆的說。

這樣是不是太誘人了？Robert 露出想要的眼神，我也想要啊！

好吧！這東西眞的不是到處都是，甚至在阿拉斯加也少見。買了！

結帳時，老闆娘又降一次，最後是一百二十五元成交。我們都沒殺價呢！

其實我跟 Robert 都不是會殺價的人，對於殺價文化很不能適應。大家實實在在的做生意不是很好嗎？還好，在美國、加拿大這些地方的經濟運作制度，並不需要有殺價的技能才能活得安心。但是在有些國家的文化中，不會殺價就可能被騙、被坑、被當傻子。有人可能覺得在殺價的過程中能得到快感，覺得自己賺到，但是我不喜歡把精力時間花在跟商人來回相鬥上面，不善於與人爭論物品的價格。如果有人爲了一些小錢而欺騙我，那他就是把自己放在那樣的人格層面上，所以其實不是我的損失，是他的遺憾。

鯨魚脊椎骨盤面具必須以特殊的方式帶回家。這牽扯到不同國家的海洋生物保護法。鯨魚在美國的法律中，只有阿拉斯加的原住民可以捕捉，因爲那是他們原始傳統的生存方式，所以鯨魚骨在當地可以合法販售跟購買，像我們這樣一般的美國居民也可以合法購買、帶回家。但這在加拿大是不合法的，所以，如果之後要開車經過加拿大再回到美國，車上有鯨魚骨就是不合法的行爲。

事實上，進出加拿大或是美國邊境的海關，他們沒有一一搜尋我們車上的行李，僅口頭問我們帶了什麼東西，有沒有帶什麼違禁品。但是我們不會因爲海關不會翻行李，口頭上說沒帶，私底下把它夾帶入關。美國人在遵守法律這一項做得還是挺好的，因此，阿拉斯加的每個禮品店都有幫客人將商品寄到美國其他四十八州的服務，他們都很熟悉規定，從美國寄到美國是合法且唯一的辦法。所以這件鯨魚脊椎骨盤面具會坐飛機回家，跟我們在加州會合。

買完紀念品，中午在塔基特納吃大比目魚塔可餅、冰淇淋。之後往南，到達安克拉治。我們用點數換免費的凱悅酒店住宿，不然一晚要價五百美金，眞花不下去。晚上游泳，打包行李，明天有另外的行程計畫——我們要把車停在機場，坐飛機去烏特恰維克（Utqiagvik），三天兩夜。

Date: 8 月 14 日

Day 15 | 27 miles | Anchorage → Utqiagvik

早上起床繼續最後的打包。這是我和 Robert 的自駕旅行中，第一次中間坐飛機離開兩晚。

很多時候夫妻一起旅行，女生的東西比較多：吹風機、護髮品、髮捲、離子燙夾、化妝品，各式搭配不同場合的服裝、鞋子，保養面膜……。我們家相反，我沒有上述的東西，反而 Robert 的東西一向比較多。攝影器材就好幾袋，還有我們的露營用具等等。這次也是，我整理出一袋的東西，他有五袋。如果在古代的丐幫，他這個「五袋長老」的輩分就會比我高。

下午兩點二十五分的飛機，我們中午十二時到機場。這是在疫情後三年來第一次坐飛機。

我們來到機場，他去停車，我推著五加一袋行李去櫃檯報到，人很多，還有很多人寄運一箱箱的貨品。

我用力推著車，排隊，拿到登機證，兩人一起過海關，拿方盆，脫鞋，脫外套，拿出電腦，拿出手機，人過X光機，然後倒帶再做一遍。扛著隨身行李，走長長的路到登機門，經過這一段，疲倦猛然襲上，難以忍受。

「上飛機就可以好好睡一覺。」Robert 安慰我。坐飛機省下很多開車的時間，但是也有不同的累法。

我們在候機大廳吃完自己做的「黃豆發酵釀製醬佐白灼豬嘴內肉」（就是豬舌沾醬油啦）當午餐，甜點為櫻桃，然後上飛機。本來想在飛機上好好從空欣賞北極地景，結果我不敢疲倦，睡著了。還好後來 Robert 說，一路都是厚雲，什麼也看不到。

我一心一意要來到烏特恰維克這個美國最北方的小鎮，有許多特殊的原因。這裡是美國最北的城鎮；它位在阿拉斯加陸地上，卻完全沒有公路可達，我們無法開車過去，也沒有渡輪，更不要說郵輪。一定要坐飛機，飛越整個極地苔原才能到達。這樣特殊的城市，真的讓我想一窺究竟。

同樣臨著北極海，這裡跟普拉德霍灣不一樣的是，普拉德霍灣是因爲產石油所以才有建設，才讓人們願意花大錢蓋公路，讓我們有機會體驗四天來回北極駕車之旅，可以看到壯麗的北極山峻，可以跨越極地苔原。

但也因爲是石油工業重地，充滿了限制，我們只能參加當地導覽巴士團去北極海，只有十五分鐘可以看海。

烏特恰維克位於北極圈以北三百二十英里處，是原住民因紐特人居住的地方。之前這個地方的名字是「巴羅」（Barrow），是根據一八二五年英國海上探險家約翰・巴羅（Sir John Barrow）而命名。到二〇一六年才恢復當地原住民所稱呼的地名，改回烏特恰維克。因紐特人的歷史可以追溯到西元五〇〇年，當時他們靠著獵捕鯨魚、海豹等海洋生物維生。

不曉得五百年前的因紐特人，知不知道他們住的地方是世界的北點？是地球的極地？

即使現在有了西方文化進入，有超市有商店，但是食物的運送不易，成本又高。前面說過，只有飛機可以從安克拉治飛來，而安克拉治本身也需要依賴外來物資，食物的價格非常高，所以在機場時看到一箱箱託運的物資，這些都是烏特恰維克居民從安克拉治購齊生活日用品（很多都是來自Costco），然後帶回去使用或轉賣。

我們抵達烏特恰維克是下午四點半。一出機場，就看到飯店的接駁車。沒想到服務這麼好。

我們入住的飯店叫「Top of the World」，聽名字就很威，當時還多付點錢「升等」。平常我們對於旅行住宿抱著單純過夜而非享受的心態，從來不在乎也不做升等的事，但是這次太不一樣了。

一進飯店，就看到大門展示著因紐特人整套的傳統服飾，非常漂亮，大廳還裝飾著各種動物的皮毛、象牙、骨頭做的標本或是手工藝品，很有美感，且精緻有特色。

我們拿到鑰匙，踏入房間時忍不住倒吸一口氣，開心驚呼，因爲從我們的房間可以看到北極海！

不是遠遠的小小一片，不是只有十五分鐘，不是跟著一群人看，而是一整片，接下來的兩個晚上，我們可以自由欣賞的北極海！

好幾次深呼吸後，激動的心情慢慢轉成感恩的欣賞，我們先到樓下的餐廳吃晚餐，然後決定趁天還沒暗出去走走。當然，我是在開玩笑，這裡的天要等到三個月之後才會暗！每年的十一月十八或十九日之後，就有六十五天看不到日出！

這幾天都會下雨，我們做了萬全準備，把雨衣雨褲都拿出來；外頭是攝氏二度，保暖的衣物全部穿上。

首先先去最有名的地標——鯨魚骨拱門。兩條長長的鯨魚下顎，插在沙灘上，高聳入天。這個地標就在旅館旁邊，後面就是北極海，後來發現這整個城鎮好多這樣的裝置。

這個城市在阿拉斯加最北端，是極地苔原地形，一般的柏油路若要在這樣溼軟、極凍的地面上建築，維護是非常昂貴且不容易的，所以這整個城鎮沒有柏油路面，我想一般人無法想像那樣的城市景觀。

所有的大路都只鋪了小石子和塵土，此時下雨多日，因此是整片爛泥，車子開過，雨水刷過，形成一路的坑洞，洞裡當然積了黃水。

雨水隨著強風撲面，雖然低溫冷冽中腳踩著水，濺著泥漿，但是我們都好開心、好興奮。雨衣雨褲全程讓我們保持乾燥，防水登山鞋也完美的阻隔泥水的侵入，走在路上，一點也不冷不溼。

這裡的住屋簡單，完全以實用爲考量。因爲要建築在表面溼軟，但是底下是永不融化的凍土上，所以房子不能直接蓋在土地上，都要上樁，然後把整棟房子蓋在一根根的樁上，遠看像是一棟棟的房子懸浮在地面上一般。在極端氣候的侵蝕下，房子外表都鏽蝕、斑駁、破損，一點也不豪華。廢棄的車子、船隻、工具、設備沒有地方可去（誰要付昂貴的機票運出去？），所以到處都可以看到隨意棄置的物品，浸在泥漿裡，任雨水淋灌，任風吹沙打。整個市景，卽使是八月的炎炎（是嚴寒的嚴吧！）夏日，也是飄著蒼涼的氣味。

很多人的家門口裝飾物是動物的角、骨頭，甚至一整大片的皮毛就掛在門邊上。他們的生活與這片土地息息相關，艱難無華，眞眞實實。

我們看到路邊有個垃圾桶內，一根根粗壯的東西伸出來，走近一看，原來是一根根的北美馴鹿腿骨，連著蹄，矗立其中。好像我們隨意丟掉雞骨頭那樣，這裡人丟的是馴鹿骨，經驗類似，卻是如此不同的規格。

我很喜歡去到某個城市就去看當地賣的東西，在美國，超市基本上是大同小異，但那一點小異也會讓我覺得很有意思。烏特恰維克的超市賣的東西跟美國四十八州一樣，牛雞豬肉、花椰紅蘿蔔、水果、牛奶、雞蛋等，完全沒有「當地食物」，因爲原住民雖然能合法狩獵馴鹿、鯨魚，但是不能公開販賣，所以不能冀望吃到「野味」。此外，東西價錢貴很多，鮮奶油一瓶二十二美金，鮮奶一加侖十三美金，培根一包二十三美金，一瓶六十四盎司的果汁二十二美金。難怪居民如果去一趟安克拉治，一定會把食品整箱整箱的帶上飛機。這是另一類的文化震驚。

因此，當地居民還是以獵物爲主要食物來源，尤其是獵鯨。他們可以合法獵鯨，但是不能販售，只能跟族人分享。特殊的文化每年也吸引不少觀光客。這裡有兩間飯店，有加油站，有小學中學大學，有銀行有郵局，上述這些地方都可以自稱全美最北的地方。

在寒冷風雨中走了一個多小時，我的疲倦又來了，沒有隨攔隨停的計程車，我們慢慢走回旅館，在被疲憊擊倒前，我站在窗戶邊，看著天色微暗，望著景色分明的北極海，滿足又謙卑。天光中，拉上窗簾，結束這一天。

Date: 8 月 15 日

Day 16

0 miles

Utqiagvik

早上看著北極海醒來。一樣陰雨，還有點雪，但是不夠冷，雪一落地就融化了。

我們從旅館出來朝右邊走，先去ＵＩＣ地方辦公室。這裡是原住民保護區，有些地方，比如美國最北端的凸出沙洲，需要申請特別的證件才能進入。

在北極就是要感受下雪的氣氛。夏天的雪不那麼逼人，細細的打在身上，馬上消失無蹤。但我們還是穿上雨衣雨褲，整身裝備保護齊全，不溼不冷。

路上先經過一個大路標，上面寫滿指向全世界各大城市英里數的指標，彷彿我站的位置就是世界的中心。然後經過全美最北的銀行、警察局、消防局、學校行政辦公室、加油站，最後來到我們的目的地ＵＩＣ辦公室。

「今天承辦證件的小姐不在喔，她先生生病被送去安克拉治，不知道哪天才能回來。」其他工作人員說。

Robert 本來計劃深入苔原去拍鳥，但這需要通行證，看來，小城鎮就是這樣，承辦人員不在，那份工作就沒人做。我們只能在現有的道路上行動，不能離開道路，也不能到最北的沙洲。

沙洲除了有地理上特殊的意義外，也是當地居民獵鯨後，切割分肉的地點。血液跟骨頭殘骸會引來北極熊，所以也是北極熊出沒的地方。可惜這趟旅程無法踏上那地區。

我們離開辦公室後，來到機場旁的租車公司。幾番周折，終於租到車子，開著車可以去更遠的地方。

首先去吃中餐，披薩店就在附近，是泰國人開的，熱帶國家的人來到極北之地謀生，除了覺得不容易，泰國人在北極賣義大利披薩，這樣的排列組合，也超出我對這個城鎮的期待。不過想想，畢竟這裡還是美屬之地，美國吸引各個種族聚合打拚的精神，在這個極北小鎮也可以窺見。披薩店不提供座椅，只能外帶，我們帶著披薩跟辣雞翅到海邊，坐在車內吃，看著北極海和鯨魚骨頭，好奢華的一餐。

解決中餐後，我們往北開，在一個沼澤邊緣，我們看到雪鴞（Snowy Owl）。想不到可以在這看到《哈利波特》的貓頭鷹！牠純白的羽毛上有些微的灰色斑點，站在苔原的土堆上，高傲美麗。

貓頭鷹旁邊有一片沼澤地，這附近有好多的野雁，肥肥胖胖，走路一歪一歪的，非常可愛。原來極地除了有名的北極熊外，還有許多不同的生物在這樣的環境下生存。

我們繼續開著車子，看著兩旁的人家，羨慕屋頂屋角成堆的馴鹿角、獸皮裝飾，這時看到有人在院子裡屠宰馴鹿。我們趕快停車，跟主人確認我們是否可以上前觀看。

一位原住民父親帶著兩個兒子，分別在院子裡的兩張大桌子上工作。

因紐特人身材精壯，皮膚帶著光亮的棕色，眼睛晶亮有神，看著你的時候，雙眸深邃美麗。他們有著黑色的頭髮，顯得五官清爽好看。

他們才剛打獵歸來，帶回五隻大公馴鹿，現在正在切割分肉，兩個中學男生技巧純熟的替一隻鹿取下皮毛。另一張桌子上布滿他們取下的內臟。我詢問可不可以照相，父親面有難色，我馬上說那就不要。我們來到人家的家園，要尊重他們的意願，不要做讓人不舒服的事。

他看我們沒有堅持拍照，鬆一口氣，開始熱情的告訴我們他在做的事。

「夏天的時候我們要打獵，收集食物，準備過冬。像是這些馴鹿肉，我們會留一些自己吃，但是大部分會拿去分享給年長者、寡婦等無法打獵的人家，幫助他們度過冬天。這是我們的傳統，族人之間互相幫助，以前我父母就是這樣做，現在我也是，我的小孩六歲就跟著我打獵，拿刀切肉，他們以後也會跟著做下去。」男子黝黑的臉上帶著溫暖的微笑，男孩們手不停歇，好奇的看著我們，他們的臉上也都是微笑跟驕傲。

「這些鹿肉拿來吃，骨頭煮湯，心腎肝等內臟會拿來炒。」他說，「皮毛是獵鯨時鋪在營地地上保暖用的。」

任何一部分都沒有浪費，跟臺灣人什麼都吃、都珍惜的態度好像。

「你們什麼時候獵鯨？」我問。

「九月的第二個星期到十月。」他說，「很多外地人會來看我們把鯨魚拉上岸。」

「鯨魚肉嚐起來如何？」我的問題很多。

「這……」他抓抓頭，講不出來。

「吃起來像魚嗎？」我問得具體一點。

這下他的自信又回來，用力的搖搖頭，「完全不像！」

「什麼顏色的？」我再問。

「肉是紅色的。」他說。

鯨魚是哺乳動物，牠的肉吃起來不像魚，顏色是紅色的，這很可以想像。只是我們一般人是吃不到鯨魚肉的。原住民可以合法獵鯨，可以分享給族人，但是不能販賣，所以一般人是嚐不到的。這樣的規定，讓我深感敬佩。

「你們會獵野雁嗎？」我好奇的問，這兩天看到好多的野雁，每隻都肥嘟嘟的，很不解爲什麼當地人不吃。

「當然啊！」他的語氣好像我在問臺灣人喝不喝珍珠奶茶一樣。

他繼續補充，「不過現在不好吃，牠們在極地苔原吃苔草，肉吃起來會有苔味，不好吃，等春天的時候我們才獵雁。」

「這裡只有飛機可以到，那些大型的機器、車子等，是怎麼進來的？有港口嗎？」Robert 問。

「喔，冬天的時候，地面結冰，我們就走冰路（Ice Road）。」他說。

我們眼睛一亮，冰路我們也開車走過（上一本旅行散文《追日逐光》裡有詳細紀錄）！是非常難忘的經驗。

他繼續說，「我們可以開車到普拉德霍灣。單程三百五十英里，開車大約十一小時。」

這是一條地圖上沒有的路！完全是當地人才會走的路。前幾天我們剛去過普拉德霍灣，從那開車十八個小時南下，分三天開，然後到達安克拉治，在那過一夜，再坐飛機飛到烏特恰維克。這也是一般人需要走的方式。但是在冬天，路面結冰，他們可以開出一條冰路，兩個城鎮之間只要十多個小時就可以到。

「眞的很謝謝你願意跟我們分享這些。」我由衷的說。今天看到的、聽到的，都是以前無法想像的。

「也謝謝你們體諒我不想被拍照。」他語氣有點無奈的說，「這是我們的傳統，我們的生存方式。可是這些照片流傳到外面去，就會有人有意見，不喜歡，說獵鯨殘忍，然後動不動就吵著要立法禁止。」

在保護野生動物跟保護傳統原住民文化之間，要如何保持平衡，眞的不容易。我們住在城市中，超市賣場或便利商店到處是，肉價菜價穩定，容易取得，實在很容易坐在那大聲說，「喂！不要去殺鯨魚！」但是，在物價是我們二到五倍的地方，超市看到的藍莓是發霉的，桃子是皺著的，這在洛杉磯免費都沒人會拿的東西，當地卻是昂貴物資。他們有打獵的傳統，跟自然一向平衡共存，我們來到人家的土地，卻要指指點點告訴他們應該怎麼生活，實在說不過去。

而且想想，千年前，因紐特人在這塊土地上用自己的方式捕鯨捕魚，他們敬愛天地海洋，只取自己所需，跟族人分享；他們與世隔絕，沒有想去砲轟其他國家、占據其他領地，沒有拿鯨魚肉做國際貿易；他們跟大自然平衡相處，海洋生物也沒有面臨危機。直到西方文明的接觸，因爲鯨魚的經濟價値濫捕濫殺，弄到鯨魚數量大減甚至快要滅種，這時才想到要限制，結果限制到當地人的生活，破壞當地人取用食物的選擇。該反省的沒反省，懲罰到本來就跟自然和平相處的人，對原住民來說眞的很無奈。現在美國的法律只准許原住民繼續捕鯨，維持他們的傳統。其他人來這裡觀光，自己負擔飲食生活費用，非常合理。

離開這家人的院子後，我跟 Robert 的心滿滿的。尤其對他們族人之間，互助互愛的部分很感動。我們忍不住開啟討論。

「我想，以我們現代的社會結構來看的話，這就像有錢的人繳稅，然後政府拿這些錢去幫助弱勢民衆。」我說。

「也是，」Robert 微微一點頭，「只是我們一般人不會像他們那樣，用感恩回饋的心把自己有的拿出來跟弱勢分享。我們對於政府徵收稅金這件事，只是勉強的遵守法律，不是每個人都覺得開心自己可以幫到別人。」

我們自詡是文明人，但心態上卻落後人家許多。

五點多，我們回到旅館，此時雨勢停了，我打算再去鯨魚骨拱門照相。把綠色雨衣脫了，我總算有張照片看起來不像一顆耶誕樹了！

回到房間，我們把中午剩下的披薩、辣雞翅熱來吃，在窗前欣賞陰雨中的北極海，帶著微笑上床，結束這個特殊的一天。

Date: 8 月 16 日

Day 17 | 127 miles | Utqiagvik → Anchorage → Seward

早上醒來，Robert 欣喜的喊著，「快來看窗外！」

我馬上跳起來，來到窗前，只見外面的世界一片白，下雪了！其實昨天就有雪，但是溫度不夠低，雪積不起來。經過一個晚上的低溫，落雪不融，現在一層薄雪在泥濘的地上鋪上一層白粉。

來之前，知道我們夏天來到極地，氣溫在攝氏零度以上，不會冰天雪地，旅程比較好走安全，也會比較舒適。但是同時，我們也看不到大地被雪覆蓋，海上冰塊移動的極地冬天景色。

所以今天一早的積雪，雖然只能稱上初秋細雪，但能看到極地覆雪的樣貌，還是讓我非常興奮。

首先，我要再回去鯨魚骨拱門地標照相！這飯店的位置真好，我穿上保暖衣物，走幾步路就到了。

龐大鯨魚的骨頭，在白雪的覆蓋下，顯得特別的蒼涼淒美，生命已逝，肉身不在，但遺留下巍然的骨骸，留下存在的見證。

再往前走幾步，來到海邊，沙灘上也鋪滿了白雪，起伏不平的沙地在雪的覆蓋下，好像翻滾的白浪，另一邊是北極海映著陰天的灰藍海浪拍著岸，天空繼續降雪，片片雪花落在外套上啪啪有聲，極地的八月，夏雪來襲，冰冷不退。

今天是在烏特恰維克最後一天，我們開車四處逛，主要是Robert想找某些鳥類。然後往北走，我們無法開到全美最北的點，但是想看看能開到哪。

我們經過大學區，四周一樣是簡單無華，斑駁風霜的建築。再往前走，看到很多支解的汽車、破舊的船隻、損壞的工具、拆卸下的建材等，到處都是，看來是廢棄物堆放的地方。一大片一大片的溼土地上，記錄人類使用器物的痕跡。住在城市的我們，垃圾都有人固定清運，眼不見爲淨，所以從沒眞正面對，現在赤裸裸看到人類過多的製造、消耗，卻又沒能力解決。土地無法拒絕，只能默默承受，任由這些廢棄物慢慢吞沒極地苔原。

再往北走，來到獵鯨營地。此時溫度高於攝氏零度，地面上的薄積雪已經承受不住溫暖，紛紛就地解散，四周又恢復夏天多雨泥濘的樣貌。獵人們不用帳篷，而是用簡單的木片搭起來的建築。此時不是獵鯨季節，營地上的建築物們獨自站立，沒有人跡。路旁的沙灘上，矗立著幾個鯨魚頭骨，這些鯨魚養活了這裡的人，展現這個地區的原住民特色。

我們開到路的盡頭，距離美國最北的沙洲還有一段距離，但是我們已經不能進入了，希望以後還有機會再來。

中午吃墨西哥菜，還車，坐飛機回安克拉治。

回到安克拉治，拿到行李已經八點了。Robert 決定當晚開車到蘇厄德（Seward）。兩個半小時的車程，一路下雨，但是風景好美。我們訂了旅館，是一般的廉價汽車旅館，但是價格卻不貞的廉價，一晚三百美金。這是個觀光客度假的靠海城市，現正暑假，大旺季！

Date: 8 月 17 日

Day 18 | 32 miles | Seward

蘇厄德是阿拉斯加南方的港口城，氣候相對溫和，背山面海，有郵輪停靠，遊客來來去去，港口也有許多的商店、餐廳、導遊團。

從滿地泥濘、沒有路面、蕭索寒冷的北極小鎮，來到這個熱鬧的觀光港城，心態上，有依依不捨的想念，也有些微的不適應。

我們在港口走著，兩旁的餐廳好誘人，我們來到一家海鮮餐廳，我叫了比目魚卷餅，Robert 叫了海鮮濃湯跟炸牡蠣。溫和的氣候，美味的食物，還是令人心曠神怡。

吃完中餐後入住另一間旅館，下午四點，我們決定去出口冰川（Exit Glacier），選了一條健行步道，去看冰河。

這條步道在基奈峽灣國家公園（Kenai Fjords National Park）裡，這裡有美國最大的冰原——哈丁冰原（Harding Icefield），它的面積覆蓋七百平方英里（相當於一千八百一十三平方公里），這個冰原延伸出四十條冰河，出口冰川則是其中一條，也是最容易親近的，所以每年都有非常多的遊客造訪。

這條步道一開始平坦容易，是輪椅友善的步道，這裡可以看到河流夾帶冰河融化的物質，沖刷出的廣大河床平原，不少的冰河碎塊擱淺在岸邊，或是在急流中矗立，我拿起一塊西瓜大小的冰塊，冰痛兩手。這冰存在了千年萬年了吧？長生不老的仙冰，現在降落人世，落入凡人手中，最終化成細水，隨著河流流向大海。而我是如此幸運，能親眼見證這一小段的過程，親手觸摸這一小片的歷史。

步道再往前走，開始有點坡度了，雨持續下著，滿地泥濘，石礫光滑。從這裡，可以看到一些寫著數字的牌子。這些牌子訴說的是大自然一百多年來變遷的歷史。我第一個看到的是一九一七，然後往上爬升，看到一九五一，再往上走一九六一……。

這些數字是年分，也就是說，在一九一七年時，冰河覆蓋到那個位置，隨著地球暖化，再冰的冰河也敵不過溫度上升的效應，慢慢融化，到了一九五一年時，已經往上往後退到更高處。

越往上爬，景色越美，植物分布有了變化，山勢也變得陡峭崎嶇，每個轉彎都是讓人屏息的美景。

一個小時之後，我們來到二〇一〇年的牌子，想到這一路上，原來應該都是被冰河覆蓋著的，可是不到一百年，已經全部融化了，植物也重新長出來，代替冰河覆蓋山勢。

而此時，二〇二二年八月，十二年後，我往後看，冰河退得更遠了，在遙遠的那頭。像是老人家的髮際線，節節後退，不會再返。我來阿拉斯加，其中一個原因是覺得人世無常，把握當下，現在看到逐漸萎縮的冰河，我也感慨，大自然也不是無條件永遠等候著你前去欣賞，大自然也是有保存期限的。

我們再往上爬一段路，藍色的冰河在兩個山峰間出現，氣勢雄偉。在陰雨中，少了大太陽過度曝光，冰河的湛藍可以更從容的展現，我們的肉眼也更能仔細看到冰河上千萬年來移動的細節。

我拍了幾張照片後，收起手機，用眼睛貪婪的吸收這絕世之美，用身體感受冰河內含的巨大冷意。當下我覺得沉靜而滿足。癌細胞的虎視眈眈，副作用的諸多不適，在此刻顯得是有某種意義，我不會矯情的說感謝它們，但是也因爲我面臨內在的變動，促使我積極決定，才能有這趟旅行，今天得以見證到冰河的奇蹟。

Date: 8 月 18 日

Day 19 | 23 miles | Seward

早上六點鬧鐘響起，今天有個八小時的遊船導覽。

這個行程跟烏特恰維克是我指定要的。Major Marine Tours 是網路上評價很好的船導，主要出海看野生動物還有冰河。船導歷時兩小時、四小時、六小時、八小時不等，可以根據自己的需要來預訂。我們訂的是時間最長的，所以航行的地方比較遠，最遠到西北冰川（Northwestern Glacier），中間有供餐。這個行程因爲要在船上的時間最長，所以限制小孩不能參加，可能擔心小孩無法忍受被侷限在船上空間而吵鬧。

早上起床就累，上船沒多久，更是疲倦不堪，難以忍受。

「趁這時候還在內海，你先睡一下。」

「可是才剛開航就睡，會不會太奇怪？」我看看四周。

「其他人不知道你經歷過什麼，你不需要管別人怎麼想。」Robert說。

這裡的座椅相連，可以躺下來，我整個橫躺，讓身體休息，實在是撐不住。

我醒來時，野生動物們正好開始輪番出現。首先登場的是以魚爲生的白頭海鵰（Bald Eagle），是在這片海域上唯一可見的老鷹。

再來是港海豹（Harbor Seal），也是原住民的食物來源之一。此外，他們會用木條釘出船架子，婦女們把海豹皮縫成一張大皮來製作傳統船隻。海豹皮很像現代使用的防水布，把皮綳緊罩在船架上，這就是他們出海時的獵鯨船。

海上鳥的種類很多，數量最多的還是海鷗，而最讓大家興奮的莫過於海鸚（Puffin）了，我一直好想見到牠們，這次眞的看到了！這裡的海鸚有兩種，角海鸚（Horned Puffin）和簇絨海鸚（Tufted Puffin），兩種都有色彩鮮豔的羽毛，寬大橘黃色像把大鉗子一般的鳥喙，角海鸚臉部是白色的羽毛，從正中央的眼睛牽出兩條黑線，劃出一塊三角形的區域，讓表情顯得特別的華麗可愛。從遠處看，最大的差別在於前者的胸前是白色羽毛，後者除了頭以外身上羽毛都是黑的。

我們在 Discovery 頻道或是照片上看到的大多是牠們成群站在懸崖峭壁上的身影。其實牠們的生命大多是在外海海面上度過的，只有等到繁殖季節才會上岸，產下一個卵，然後等到幼鳥孵化，會飛了，才再回到海上生活。

中午，船行駛在花崗岩頁島（Granite Island）跟本島間的平靜海峽中，這時開始提供中餐，他們把三明治、飲料、薯片放在餐盤上給大家。船上有提供免費咖啡，也有酒精飲料、點心可以購買。

中餐後我們來到這次航行最遠處——西北冰川。

這個冰河也是屬於基奈峽灣國家公園，它的末端延伸入海，所以我們只能坐船從海上看到。

船長把船停在冰河前，關掉引擎，讓大家好好欣賞。

這裡的海域浮著大大小小來自冰河墜落的冰塊，灰綠帶褐的海被透明、潔白的冰鋪滿，像是海上的星星。這個冰河範圍很大，顏色特別的藍，船停在它的面前顯得特別的小。每個人站在甲板上，雨淋在身上，安靜的欣賞。

壯闊的山勢在眼前展開，夢幻藍的冰河，從山巒間湧向大海。我們所在的位置，在一個世紀前，還是被冰河覆蓋的，現在融化成了海的一部分。

除了視覺上壯闊的景觀外，我們也仔細聆聽。冰河不是永遠穩定的狀態，在深層的內部，與地心引力交互作用，不斷有低吼聲傳來。山河是活著的。

我們也不時看到冰塊崩落的景象。巨大冰塊落下的撞擊聲像雷響，轟隆轟隆，敲進心裡的震撼，那是冰河活動的聲音。這些冰塊落入海中，碎冰四濺，海水噴濺，像是一簾冰幕，景象維持不到兩秒，冰塵落定，回到它巍然矗立的模樣。

船上工作人員撈上一大塊冰，把冰敲碎，加入調酒，做成冰河雞尾酒，這是一艘成人船，大家觀賞大自然之餘，有個小小餘興節目，也是挺有趣的。

回程看到大約十隻小海豚。我們之前在西雅圖的聖胡安群島（San Juan Islands）外海看過牠們，不過都是遠遠的看到黑黑彎彎的背脊，上上下下露出水面。這次，這群小海豚看到我們的船，不僅游了過來，還跟在旁邊，嬉戲般的在一旁快速游動，牠們移動的速度比船快很多，卻在我們附近穿梭，在大家的驚呼下來回浮出水面、沉入水底，這樣維持了十分鐘之久。讓我感覺到高智商的哺乳海洋生物，有些其實很願意跟人類互動，只要人類懂得尊重，這樣的接觸，兩廂都是歡喜的。

來阿拉斯加前，我打算買些當地的燻鮭魚，這種冷凍包裝的魚也很適合旅行用。來到這兩個星期了，卻沒有發現可以買燻鮭魚的地方。我昨天問了一下飯店老闆娘，她熱情的推薦一個當地居民自己親手做的產品。

結束遊船導覽後，我們來到 Saltwood Smockehouse，這間店位在一個小小的房子，此時大門深鎖。我們不死心，打了門上的電話，老闆接了起來，說他今天在處理過幾天要燻的鮭魚，所以不在店裡，但是他可以馬上過來。

老闆是個上了年紀，精瘦且全身充滿活力的白人男子，他來自美國四十八州中西部，以前是跟著船到海上捕魚的，那是沒日沒夜的粗重活。在阿拉斯加，只要你肯付出體力，大海是最佳的資源。他因此攢了錢，買了房子、車子，娶了老婆，有了小孩，便決定退下海上捕魚的工作，在這裡買個小工作室，購買其他漁夫的新鮮魚貨，做起燻鮭魚生意。

後來我們發現，在阿拉斯加，燻鮭魚幾乎是每個人必備的基本烹食能力，像是在臺灣大家都會用大同電鍋煮飯那樣。

他大方的帶我們參觀房子後面的燻鮭魚設備。這裡不是大工廠，但是鍋爐齊全，他細心解釋製作流程，當地衛生局會來檢查燻魚的每一道手續，確定他要賣的食品每一個過程都是合乎衛生標準，合乎溫度規範，合乎包裝程序。在美國，政府對於要販售的食品要求很高，並不是自家農地種的蔬菜，就可以用號稱有機無毒來販賣，也不是在自家廚房烹飪煮食，就可以放上網路讓人購買。看著他乾淨的設備，我們對於購買他的產品也感到很安心。

晚上我們訂了林間小木屋，這是臨時釋出的房間，我動作快，很幸運的搶到。小木屋採樓中樓設計，可以睡五人，有整套的廚房、衛浴設備，屋子正中央還有個可愛的螺旋樓梯可以到樓上的房間。房門外面就是湖，湖的對岸就是山。山嵐渺渺，湖光青綠，我們馬上就愛上這地方。

另一個驚喜是，小木屋座落森林中的湖畔，整個森林長滿蕈類，我一向喜歡蕈類的各種樣貌跟顏色，手機裡收集了好多各地蕈類的照片。這次的旅行中，我瘋狂認識可食用的蕈類。

朋友帝米奇跟他太太來自俄國，對蕈類很有研究，每次到他們家，女主人都會煮菇湯給我們。去年前往猶他州拜訪他們時，也帶我們上山採菇。歐洲人、俄國人有野外採菇的傳統，他們從小就會分辨不同種類的菇，學校也會帶學生去山裡採集，認識蕈類。我一直很羨慕有這樣的技能，常覺得美國人太仰賴外國工廠的產品了，在野外認菇的能力上遠遠落後歐洲和俄國。這實在很可惜，美國應該也有很多很棒的資源。

這次來到阿拉斯加，帝米奇告訴我，八月是牛肝菌（Bolete）的採收期，這也是他們常食用的菇類。

經過幾次來回跟帝米奇分享、詢問，我還上網下載一本阿拉斯加蕈類的電子書來研究。我確定自己辨認出三種可以食用的牛肝菌：美味牛肝菌（King Bolete）、白楊牛肝菌（Aspen Bolete），還有阿拉斯加牛肝菌（Alaskan Bolete）。再度跟帝米奇確認後，晚上我把四小株牛肝菌用水煮熟，然後放入泡麵中；今天採的四大株則以平底鍋炒一炒，用鹽、胡椒、醬油調味，好香好好吃。

我們坐在小餐桌前，旁邊的大玻璃窗映著窗外的景色，視野遼闊。看著外面的湖水，雨水不停歇的落下，雲霧在山前繚繞，吃著泡麵，還有自己摘採、烹煮的野菇，簡單卻又不簡單的一餐。

Date: 8 月 19 日

Day 20 | 49 miles | Seward

早上起來，外面持續下雨，這次的阿拉斯加行，天天都有雨。在阿拉斯加旅行臉書社團，看到有人抱怨，因爲下雨而許多行程被取消，覺得掃興或者麻煩。我也看到有人反駁，出門就是要接受當地的氣候變化，用正面的心去看、去體驗，也可以有美好的旅程。

眞的是這樣！我想到我的藥物副作用。早上醒來，我頭痛、手痛、腰痛，像個老太婆一樣，慢慢坐起，緩緩下床。我懊惱了一會兒，唸唸有詞一下，還是接受它，繼續今天的生活。

旅行遇到下雨的確比較不便，雨具一堆，覺得溼冷，地上泥濘不堪，有的行程得放棄。但是把雨當成當地的一部分，就像去加州會乾燥，去臺灣會潮溼一樣，把抱怨的力氣省下來，那就有更多美好的心情，享受美好的部分。不然你只會心心念念下雨帶來的不便，忘了去看阿拉斯加帶給你的驚喜。

依依不捨（我們眞的很喜歡那間小木屋）退房後，我們來到附近的一家刀子店。一停好車，我就知道這是我會喜歡的一家店！老闆是在阿拉斯加生活超過二十年的人，專門幫人做客製的刀。裡面的東西除了他自己做的，還有他的收藏，沒有外國進口大量、重複又廉價的商品。每一把刀都是他親手製作，所以價錢不菲，從最便宜四百五十到兩千美金都有。每一件就像藝術品一樣，沒有重複，都是獨一無二。

老闆健談，熱情的帶我們到後面工作坊參觀，我發現這裡的手作商家喜歡帶你看他們工作的環境，不藏私。這裡有用來做刀子的巨型機器，有一箱箱準備用來做刀柄的各種動物的骨骼、角、木頭等材料。

我對其中一個刀柄的材質好奇，沒見過這麼漂亮的紋路，乍看以爲是木頭，但是比木頭淡些，帶點黃，表面布滿黑色、深褐色的紋路，樣式比木頭更豐富、更華麗，質地也比木頭硬而且非常密實，掂了掂，覺得沉。

「這是阿拉斯加珊瑚。」老闆解釋，「漁夫們把這些珊瑚從海底撈上來時是粉紅色的，之後就會變白，然後我把它打磨光滑就會有這些紋路出來。」

一直以爲珊瑚是熱帶海域才有的東西，像是加勒比海之類的，完全不知道阿拉斯加這麼寒冷的海域也有珊瑚。我之後上網查，果然有非常多種類的珊瑚生長在冰冷、黑暗、充滿暗流的阿拉斯加深海裡，有粉紅色、黃色、紫色、白色等等不同的樣貌。

遺憾的是，這些珊瑚目前面臨絕種的危機。珊瑚不是當地人的經濟來源，所以沒有人去採集，我也從未在其他店裡看過其販售，但是許多漁民在捕魚時，漁網不小心勾起許多的珊瑚枝。而最大的危機是來自氣候暖化，溫室效應，生存的海水溫度改變，生態改變，導致牠們的大量死亡。

住了幾天的旅館，我們再度尋找營區。阿拉斯加到處都有營地，我們找到一個面海的營區，二十二美金一晚，我們訂了兩晚。

當 Robert 打開車頂帳後，面色凝重的告訴我，裡面的床墊整個進水了！這趟旅行多雨，在極地露營時就發現雨水會進到帳篷裡，這帳篷防水性越來越不好。這幾天我們住旅館，車頂帳篷都沒打開，不知道連續不斷的雨水，已經把床墊都浸溼了。

「一個野外露營用的帳篷連防水都不行，這車頂帳篷等於廢了！」Robert 說。「我們之後要用地上帳篷了。」

這真是個壞消息。一來，這個車頂帳篷跟我們很久了，非常舒適，我真的非常喜歡！二來，地上帳篷裡面空間比較小，架設時間比較久，而且需要兩個人一起合作，也就是說我不能偷懶都讓他一個人處理了！想到我就覺得好累。不管怎樣，一個這麼重要裝備在旅行中壞了，真的很難接受。我的情緒受到很大的影響。

但往好處想，至少我們有多帶一個地上帳篷，這個帳篷是徒步旅行用的，所以重量輕巧，卻非常扎實，經歷過很多雨中露營經驗，從來沒進水過，是個品質可以信賴的好帳篷。

Date: 8 月 20 日

Day 21 | 49 miles | Seward

早上醒來，外面都是霧！我們的營地面海，昨天從營帳望出去，可以看到海連著山，現在一片灰白茫茫，只有路樹的輪廓矗立在白霧中，周圍景象像是黑白的影片，實實在在，卻又朦朧不真，像是少女的輕嘆。

雨下得更大了，本來的計畫是走來回八英里去看冰河，我覺得今天還是累，又怕白霧太大什麼也看不到，所以決定不去。還好 Robert 並不勉強。

我們先開車來到名爲 Fourth of July Beach 的海邊，這裡都沒人。今天是星期六，又是八月暑假，在加州早就人滿爲患，車子塞到天邊去了！但是在這個山連著海，高山上還有冰河，遠處霧煙渺渺的海邊，只有我跟 Robert 兩人，我們穿著全身的雨衣雨褲慢慢走著，他找鳥，我撿石頭。我們旅行的腳步緩慢，沒有行程要趕，有些臺灣人覺得美國好山好水好無聊，我們對這樣寧靜一點也不覺得無聊，反而很能享受這樣的狀態。現在已經不習慣人聲吵雜、匠氣的人工造景了。

下午，我想再去北邊一點的地方，那裡山多樹多，想再找找野菇。我看了地圖，附近有個大熊湖（Bear Lake），還有個步道，我完全不知道這是怎樣的地方，我想有湖有步道，應該不差，應該可以看到野蕈、野生動物吧。

我來到步道，步道口有個標示，這裡是熊出沒的地區，昨天才有人看到熊，上星期還有人騎自行車被熊攻擊。這些訊息好嚇人，我們隨身有帶著防熊噴劑，但是還是希望不要正面遇上。

我們往裡走，果然看到不少蕈類，阿拉斯加南部是雨林氣候，這些蕈類眞的長得又大又多。

「你看！」Robert 指著地上一攤東西，黃褐色稀泥狀，裡面滿滿都是果實種子。

「那是什麼？」我問。

「那是熊的糞便。」Robert說。

「所以真的有熊！」我好緊張！

「熊的糞便都被雨打散了，所以應該有段時間了。熊已經離開了。」Robert說。「我們製造聲音，熊就不會想靠近，把噴霧劑拿在手上，隨時可以出手。」

在美洲的熊類中，北極熊會主動攻擊人，但是森林裡的黑熊則比較害羞，對人肉不太有興趣，我們不是牠的食物。人類製造的噪音可以驅趕牠們，噴霧劑也可以嚇走牠們，但我們也要懂得避開，不要靠近。

比較害怕的是窄路相逢，這熊在步道大便，可見常在路上行動。

在雨林氣候下，茂密的森林，滿地的草蘚，樹上掛滿一坨坨樹苔，像是超大的白綠色棉花糖。雨不停的下著，也造就了蕈類最佳的生活環境。

這裡的蕈類種類、數量都很可觀，我盡情欣賞、照相，也同時提高警覺，不斷的張望。

「你看！」我瞪大眼睛，指著地上一團熊糞便，「這個形狀還在，還沒被破壞，是新鮮的！牠不久前在這裡！」

Robert點點頭，「沒錯，牠可能剛走。」

「我們要不要回頭？」我超怕的。

他四周張望，「我們繼續製造聲音，小心一點就好。」

我們繼續往前走，沒多久，右手邊有條叉路。「我們去那裡看看好不好？」

Robert點點頭，我們走進小路，兩旁一樣是雨林景觀，大約走了二十公尺，Robert指著地上凹下的泥濘，「這個腳印看起來是熊，牠可能是往這條路進去了。」

「那我們快回頭。」我說。

「當然！」Robert同意。

我們沒傻到追著熊去！這之後的主步道上就沒再看見熊遺留的痕跡了。

我們繼續往前走，Robert 一聲低呼，「你看那！」森林深處，在一棵被鋸斷的樹幹上，有一團鮮豔橘色的東西。我們小心的走進苔蘚土地，來到樹幹旁。

「這個好像就是傳說中的硫磺菌（Chicken of the Woods，學名 *Laetiporus Sulphureus* 或 *Laetiporus Cincinnatus*），如果是的話，是可以吃的。」Robert 興奮的說。

這些蕈類是一大片一大片鮮橘色，像是瑪麗蓮夢露經典照中，被風吹開的裙襬，此時裙襬定格，表面呈波浪狀。我們上網確認，這的確是可食用的，網路上有很多食譜，很多人取用當食物。旁邊的樹幹上，明顯有人用刀子切下一整片拿走，這人保留根部，這些蕈類明年就還會再長出來。

我很想嘗試，可是看這麼大一片好漂亮，捨不得切下來，而且也希望其他人可以欣賞到（雖然這一路上都沒人，有人的話恐怕也是被拿去食用）。所以折衷，從下方深處取下大約一個巴掌大分量的裙襬邊緣處，從外表看不出來曾被人切下部分。

收集完樣本，我們繼續往前走，來到溪邊。這裡水流湍急，我們不敢過河，再走一小段，決定回頭。

「Robert，那個大石頭後面有隻鳥在地上走動。」我小聲的告訴他。

「天啊！這是，你幫我找到我沒見過的鳥——樅樹雞（Spruce Grouse）！」Robert興奮的說。他趕忙拿出相機，拍了好多照片。樅樹雞也很配合，在原地流連了一會兒才離開。

這種鳥並不稀少，但是很不好找，只在這種樹林中，而且在有苔蘚的地方出現。美國美國四十八州只有少數北方高山上有，再來就是阿拉斯加了，這種鳥只出現在人煙稀少的林中，我驚鴻一瞥幫他找到了，Robert 非常非常的開心。

他幫我找到巨型蕈類，我幫他找到特殊的鳥，兩個都是我們心中想見到的，卻認爲機會很小，沒敢寄望的，而在這趟小健行中（來回三英里多）我們幫對方完成夢想。

回到營地，雨還是下著，Robert 讓我待在車內，他在雨中煮泡麵加之前剩下的牛肝菌，那一巴掌大的硫磺菌用油、鹽、胡椒，炒了小小一盤分著吃。

我放一小片在嘴裡，味道非常鮮，香氣十足。口感有點乾，跟之前吃牛肝菌的溼潤多肉多汁的感覺完全不同。

「乾乾的。」我說。

「所以才叫它『Chicken of the Woods』啊！」Robert 說。

這樣一想，整個感覺就不同了，把它當成炒肉絲，那還比眞的肉好嚼呢！鹽油帶出它的味道，大火炒出肉質感，不要把期望侷限在舊有的經驗中，放開心胸，重新體驗，眞的會發現不同的美妙。

我們好喜歡新採的硫磺菌，吃得乾乾淨淨，意猶未盡。有點遺憾當時沒摘多一些，但是又很慶幸有多一點人可以看到這麼壯觀的蕈類，就算是下一個看到的人就摘去吃了，至少有多一個人看到也是很開心的。

Date: 8 月 21 日

Day 22 | 180 miles | Seward → Homer

早上拔營後，我們開往下一個城市，荷馬（Homer）。

這段路上是大寶藏！因爲公路兩旁都是自然長出的蕈類，我們隨意停了幾次就摘了好大一袋的牛肝菌！大自然賞賜的食物。

中途來到 Alaska Horn and Antler，這同樣是賣刀子、鹿角、動物骨骼、化石的店，但店裡的物品看起來並不精緻，不是一般觀光客出入的地方，不過東西很原始，很樸質，而且價格更是好。我買了四、五個馴鹿角，還找到一個小的麋鹿角。

結帳時，在櫃檯看到一個特別的東西，有個粗粗的鹿角當手柄，一根金屬管從鹿角的一頭伸出來，這金屬管其實是兩條不同的金屬相連在一起的，猜不出東西的用途。老闆示範給我們看，原來是點火器。用一個扁扁金屬刀片，在金屬雙管上其中一條用力一劃，就會有火花出來。另外一條金屬看起來質地比較軟，用刀片可以從上面刮下一些屑屑，打出來的火花碰上金屬屑，整個金屬爆出非常閃亮的火苗。

「眼睛不要正面看火。」Robert 提醒我。

那個黑黑的金屬刀片是一種硬度非常高的鋼，可以刮下鎂製的金屬管，鎂的燃點低，活性強，一點點火花就可以讓它燃燒，當成野外求生的點火器。但是想用它來點火要注意鎂的特性，鎂可以在水中燃燒，也可以在二氧化碳中燃燒，所以它燒起來時，不可以用水，也不可以用滅火器滅火。刮下一些小屑屑的話，就讓它自然燃燒，燒完就好。

我們覺得這東西很特別，價錢合理，又有鹿角又可以打火。Robert 買了一組。

「要不要在上面刻你的名字？不加錢喔！」老闆說。

Robert 很興奮，馬上說好，他靈機一動，「可以刻中文嗎？」

老闆說可以！

沒幾分鐘，老闆從後面的工作坊出來，一個刻有「博明」的點火器完成了。眞的是非常非常特別的紀念品。

我們繼續開往荷馬，這裡地勢比較開闊，天氣也好，雖然我們在蘇厄德六天的行程天天下雨也很開心，但是不下雨還是舒服、方便許多。

荷馬是一個漁港城，跟蘇厄德一樣很多漁夫，很多人來這裡都想親自抓到大比目魚跟鮭魚。在這裡，船比車子多，是非常重要的交通工具，也是當地人出海捕魚，賴以爲生的工具。

我們先往南開，經過狹長的半島，來到半島的最底端，今明兩晚已經訂了旅館，連續兩天的雨中露營實在很「hard core」，需要旅館的乾燥、方便來平衡一下，但是兩天後，我們打算露營三天，所以來到這裡看一下環境。確定可以接受後，我們訂了未來三晚的露營點。

這次旅行，我們沒有打包釣魚的用具，來到阿拉斯加後有點後悔，這裡的漁獲多，是釣客的天堂。我也很想試試看，所以我們去買了釣具，到沙灘上釣魚，可惜沒有收穫。

晚上回到旅館已經很晚了，我們把地上帳拿進房裡把它晾乾，Robert 也把車頂帳篷打開，我採收的菇類也要拿進房裡的冰箱……事情還是很多，我們的旅行不是閒逸放鬆，是另一種的體力付出，是跟當地環境的密切接觸，但是我們甘之如飴。

Date: 8 月 22 日

Day 23 | 31 miles | Homer

早上睡到八點半。要處理昨天採收的美味牛肝菌，這些菇會沾上很多的土跟溼木屑，很難清洗，而且我居然採收這麼多，大大小小有十四株，著實費一番工夫。

清洗後，Robert 提議，我們先去買洋蔥，然後找個地方釣魚，同時煮這些野菇。這建議太好了！我們來到 The Fishing Hole，這是一個海邊的小內灣，範圍不大，但是銀鮭（Coho Salmon）會來這裡產卵。銀鮭不斷跳出水面，銀白的身軀一閃又掉入水中，嘩啦啦的水花聲此起彼落，讓人看了自信滿滿，滿載而歸的心情馬上填滿每個釣客的胸腔。

我起了爐灶，著手處理野菇，單是切片就花了好多時間，手邊的鍋子碗盤都拿來裝還是不夠。我起兩個油鍋，炒了洋蔥，把切片的野菇放進去，結果只用了一半！我將炒好的野菇裝入矽膠保鮮袋，然後再起兩個油鍋，把剩下的炒完——想不到用了四個鍋子才把全部的野菇煮完！

我在處理野菇的同時，Robert去釣魚，可惜的是，滿池灣的魚躍水面，卻沒有人釣到，這些鮭魚似乎對吃不感興趣，牠們一心一意來產卵，完成生命的任務，然後死亡。不過鮭魚不吃，我們可是要吃！Robert拿出煙燻黑鱈魚，加上我煮的野菇，看著海，一頓美味的中餐完成。吃完後我也去試一下，同樣沒有釣到任何魚。

傍晚時我們決定再去釣魚。這回來到海邊，這裡也是有不少釣客。雨中大家安安靜靜，眼望著大海，專心一致。

這次我先釣到龍利魚（Sole），釣魚成果終於不再掛零。然後Robert釣到另一條小的龍利魚，不過太小的魚我們不會留，便把牠放回海裡了。

在阿拉斯加的捕魚海港小鎮，港口邊都設有不少的清魚站。有工作檯、水管，旁邊還有個大的回收箱，方便釣客們先處理好漁獲，把不要的部分放入回收箱。

我們把漁獲拿去清魚站時，有對夫妻在那兒，他們釣到一尾鮭魚，成果豐盛。我看到檯上還有一坨魚卵。

「哇！你看！」我指給 Robert 看，不敢相信原來鮭魚卵是長這樣。

「你要嗎？可以給你！」那位先生說。

我瞪大眼睛，要！要！當然要！「那個肝呢？」我得寸進尺的問。

「你要就拿去啊！我們不吃。」那位先生說。

就這樣，今天收穫有一條龍利魚，一坨新鮮鮭魚卵，一塊鮭魚肝。

回到旅館，又累又冷，我上網問朋友如何處理鮭魚卵。本來想說煎一煎就好了，帝米奇說，不要煮！只要加鹽。我上網找到一個鹽醃鮭魚卵的做法，決定明天來做。

Date: 8 月 23 日

Day 24 | 74 miles | Homer

早上起床第一件事：去超市買鹽、濾網勺，準備來醃漬鮭魚卵。

首先，要去掉外面的一層膜。這些魚卵不是一顆顆散在魚肚裡面的，它有一個半透明的囊膜（卵巢）把一大坨的卵整個包起來。我們在餐廳吃到日本料理的鮭魚卵都是已經一顆顆拿下來的，所以一般人都不知道有這麼一層膜。

我準備一盆溫水，把濾網勺放進去，然後把卵巢膜剪一個開口後，放入濾網勺中。溫水會讓膜緊縮，比較容易把卵拿下來。接下來就是用手，小心翼翼的把卵一顆顆剝下。

開始動手時，我就「後悔」了。不是後悔做這件事，而是後悔以前在吃鮭魚卵時沒有特別心存感激！把卵剝下來非常費工，每一顆卵都有黏膜組織連著，不是把整個卵囊放在水裡就會自動散開，也不是手輕輕弄一下就自動離開黏膜。需要用點力，但是又不能太用力，那會捏爆卵子的。而且還要確定黏膜組織沒有沾黏在卵子上，每顆卵子要獨立存在。

終於，所有的卵子都離開囊膜，散在水中，這個過程中，本來橘紅色的卵子，都變成不透明的橘黃色，但是不要擔心，這是正常的。

用冷水清洗數次，濾網勺非常好用，把乾淨的卵都留住，圓圓潤潤，像珍珠一樣。把水瀝乾後，準備一個大盆，用三杯水調半杯的鹽，做成浸泡魚卵的鹽水，再用濾網勺把卵子泡在鹽水中，看你想要的鹹度如何，我根據網路那位作者的建議，泡了三分鐘。拿出來後，放在廚房紙巾上，吸乾多餘的水分後，就可以裝入玻璃罐中，放到冰箱保存，可以放一個多月。

但我覺得保存一個多月的說法太誇張了，我們一定沒幾天就吃光了！我試吃了一口，哇！就像外面高級餐廳賣的一樣。不，不一樣，我做的這份新鮮多了。這魚卵前一天還在游動的鮭魚肚子裡呢！這鮭魚卵鮮味甜味海味十足，但是沒有腥味，入口即化，吃到阿拉斯加鮭魚卵，而且還是自己親手做的，真的是不同的體驗。

中午，我們再度到 The Fishing Hole，我煎了龍利魚，還有鮭魚肝。然後拿出蘇打餅乾，把黑鱈魚抹醬放上，再小心的放上一小匙早上做的鮭魚卵，餅乾鹹鹹脆脆的口感，抹醬中黑鱈魚的鮮味，奶油乳酪的滑順油脂，還有檸檬皮的清新，加上新鮮香鮮的鮭魚卵，那一口咬下去，風味眞的是獨特又充滿層次。

中餐之後，我們再次嘗試釣銀鮭。可惜魚跳啊跳，跳出水面，水上翻滾，在你身旁現身示威，就是不肯上鉤。不過今天看到海豹進來這個海灣，有三隻，牠們知道這裡很多銀鮭，可以飽餐一頓。海豹樣貌可愛，身手矯捷，游動快速，牠們繞著海灣追著魚跑。我們雖然沒釣到魚，但是看到海豹獵食，還是覺得很有收穫。

之後我們來到營地紮營，準備在這裡露營三天。營地面海，帳篷就在海邊，隔著海灣，遠山在前，風景無敵。

晚上我們煮了一碗泡麵一起吃，裡面加了好多野菇，分享一顆酪梨，幾塊煙燻黑鱈魚。所以今天吃的食物中，有當地人做的煙燻黑鱈魚，我採的野菇，釣到的魚，自己做的鮭魚卵……感覺這就是在阿拉斯加生活的精神。有人建議我們哪家泰國菜好吃，我當然很愛吃泰國菜，但是來一趟阿拉斯加吃泰國菜絕對不是我們的目標。能夠有機會體驗當地人的生活方式，即使只是一小小部分，還是非常滿足與平和。

Date: 8 月 24 日

Day 25

11 miles

Homer

早上先在營地附近釣魚，看到滿沙灘的水母，每兩步就一個，透明晶瑩的身軀彷彿把整個海邊都點亮了。大海大地孕育生命，承接死亡，分分秒秒，都在進行中。

中午下起雨，我又餓又累又冷，不想再釣了，先去吃中餐。

走回營地的路上，有個小哥攔住我們，「你想買鮭魚嗎？我們今天捕的，太多了，吃不完。」

我眼睛一亮，看向 Robert，他也點點頭。我們去他的貨車看，後面大約有二十幾條銀鮭。這是這個季節可以捕的鮭魚。

「有母的嗎？」我問。

「有啊！」他指給我，「上顎彎下來像鉤子一樣的是公魚，牠們的體型也比較大。母魚比較小一點。」

即使是比較小的母魚，對我們來說還是好大！

「一條多少錢？」我問。

「十五。」

好便宜啊！單是裡面的卵，做成魚子醬後就不止這個價錢。

「我們拿兩條母的，二十五塊好不好？」Robert 問。想不到他還會討價還價，我臉皮薄，最不喜歡討價還價了。

「好！」捕魚小哥爽快的說。

「爲什麼你們要母的？」小哥問。

「我們要卵。」我說。

「那你們還要其他內臟嗎？」小哥好奇的問，「等下我們會去清魚站，內臟都會丟掉，如果你要的話可以來拿，都給你！」

「好好！太謝謝了！」我好興奮啊！

在清魚站裡，除了長長的檯子，十幾個水龍頭外，還有一個丟廢棄魚料的回收大箱。這兩天看到箱中都是魚頭、魚骨、魚尾、魚卵，還有無數的魚內臟。一想到鮭魚頭在華人超市可是要花大錢買的耶！魚肝可是我的最愛呢！魚膘應該也是好吃吧？就這樣被丟棄，好可惜啊！

我好像在一旁虎視眈眈的海鷗們，看著這些東西流口水，甚至考慮是不是要在這個清魚站守著，漁夫們來清洗漁獲時，可以跟他們要這些好物。前天我不就拿到鮭魚卵嗎？不過這種事太丟臉了，說笑而已。想不到今天有漁夫主動說要給我，當然一口答應了！

我們先去吃中餐。找到一家不錯的餐廳，點了熱食，身體也暖和些。不久收到小哥的簡訊，告知他們在清魚站了，我們也馬上趕過去。

Robert清理我們買的兩大隻母鮭魚，還有他今天釣到的龍利魚，我則是在一旁等候他們清出來的東西。我把所有的魚肝跟魚膘都拿走，然後開始處理魚卵。這時Robert去超市買回更多的玻璃罐。

上次拿到一條卵囊，這次兩條魚有四個卵囊。天啊！會處理到天荒地老。而且清魚檯在戶外，攝氏十度的陰雨天，眞的好冷。但是收集醃製了一罐半的鮭魚卵，好有成就感。

這樣弄完，已經晚上七點了，我們回到營區，還不能休息，那些魚肝跟魚膘要先煎起來，加上酪梨，便成了我們的晚餐。

就在我手忙腳亂煎這些食物時，隔壁的一位先生走過來問，「你們在煮內臟嗎？」

「是啊，」我說，「是魚膘跟魚肝。」

「你怎麼處理的？」他非常好奇的問，「我每次都覺得這些東西看起來都很漂亮，丟掉好可惜，可是不知道怎麼煮。」

「我就是撒鹽、胡椒粉，鍋子放油下去煎，就這樣。」我說。出門在外，這是最快又美味的方式。

「學起來！下次我也要試試看。我很討厭看到食物浪費。」他說。在萍水相逢、簡短交流中，我感到這個人跟我一樣對大自然敬重的誠意，我們對於手上的食物，不管是動物植物，都是用珍惜的心對待。

「要不要嚐一嚐？」我指著煎好的魚肝魚膘。

「好啊！謝謝。」他說。

我各夾了一塊給他，他跟太太吃了都覺得超出意外的好吃。

「太好了！那我以後也不會丟掉了。」他們很開心的說。

吃完晚餐後我去洗澡，營區洗澡一次兩美金。熱熱的水終於讓身體暖起來，為了這兩條魚，我們耗去大半天的時間，今天整天就是在寒冷雨天中釣魚、殺魚、清魚、煮食中度過。

旅遊時間怎麼安排，每個人都不一樣。我們來到荷馬這個小鎮五天了，我才發現我還沒去逛過這裡的小商店，只有一餐外食。阿拉斯加的小城鎮、小商店都非常的有趣、有特色，每個新城鎮我都好奇的想看一看。這次到荷馬，可能之前逛得差不多了，倒是沒那麼大的欲望去看商品店，這幾天心思都花在釣魚上。像今天這樣，我想，很少人願意把旅行中其中一個整天的時間花在處理這些魚上。

洗完澡回到營地，Robert 告訴我，隔壁先生給了我們小禮物，謝謝我分享魚膘。

「是什麼？」我眼睛一亮，最喜歡這種小驚喜了。

「這是他自己煙燻的鮭魚！」Robert 說。「試試看。」

我吃了一小口，好好吃啊！這種自己做的燻鮭魚，每個人做出來的味道都不同，不是大賣場販售的燻鮭魚可以比的。禮尚往來，感覺好溫暖。在營區遇到的人通常都很友善，大家都是愛好戶外生活的人，懂得互相尊重，對大自然也是尊重友好，每個人都有很多的故事，聊天起來很有意思，這些都是書本上學不到的。

Date: 8 月 25 日

Day 26 | 41 miles | Homer

昨天在清魚站被濺得滿身魚水，今天一定要來洗衣服。這是這趟旅行第三次洗衣服。

有人問我，這麼長的旅途，食物怎麼保存，衣服怎麼洗？我們有戶外露營專用的冰箱，要插電，Robert 在車上另外多安裝一個車子電池，專門給冰箱用的。所以車子停下來時，冰箱不會把車子用的電吃光。

衣服的話，如果在飯店，我會隨手洗洗內褲、襪子這樣的小東西，我甚至手洗過登山褲。我買的登山褲是排汗快乾的材質，所以很方便，半天就乾了。

像我們去了極地回來，不只車子覆上泥漿，身上的衣服當然也是被泥漿沾到非常多次，登山褲的防水材質很厲害，髒汙用溼紙巾就可以擦掉，但是其他的衣物就沒這麼好處理，所以回到城市之後就是我們的「大洗之日」！

全美各大城市都有投幣式洗衣店，如果在營區，有的營區會有洗衣房，採投幣的方式，也非常方便。

早上十一點，我們訂了一個觀光船旅行團，有人開船帶我們出海看野生動物。這艘船小小的，連船長一共七人，總行程兩個小時。

這一路風景好美。連續幾天的雨，今天終於放晴了。天上還是有厚厚的雲，但是可以看到太陽，可以看到藍天，整個都舒爽起來。

我們在海灣裡行駛，藍綠帶褐色的山在遠處，更遠的山頭可以看到殘雪，有幾座山坳處還可以看到冰河。山環繞著海，海也是綠的，但是是不同的綠，是湛藍色跟青綠色混合，隨著海域不同，兩者混合的比例也不同，呈現無數令人驚嘆的排列組合。

身旁海水中最常見到的哺乳動物是海獺，牠們仰著漂浮在水面上，有的非常害羞，船一靠近就潛到水裡；有的會在船邊嬉戲一會兒，上上下下游動。

我們還看到海鸚，現在是繁殖期的尾聲，還可以看到牠們鮮豔的羽色，是我在這裡最喜歡看到的鳥類。

船繼續前進，來到荷馬隔著海灣的對岸——大比目魚灣（Halibut Cove）。令人驚訝的是，這裡有許多漂亮的建築，都是臨海建在山壁上的。

「這裡算是高級住宅區，沒有道路聯繫，只能靠船、飛機、直升機才能到。」船導講解，「這裡沒有商家，但是有一家餐廳，要事先預約，他們會派船隻（要付費）來接客人。」

好不一樣的生活結構。

下午一點，船回到港口。我們去超市買水果、廚房紙巾、橄欖油，然後回到營地料理。把昨天從餐廳帶回來的義大利麵，還有昨晚吃剩的鮭魚肝膘，一起炒一炒加熱，最後上面撒一些魚子醬，把昨天剩下的中餐升級後又是一餐美味。

飯後，開車四處閒逛，沒有特定的計畫，有路就開，開到沒有特別景點的山上，遇到麋鹿一家人在住宅區大樹下休息，看到成群的沙丘紅頂鶴（Sandhill Crane）開始南飛準備過冬，從山上高處俯視整個荷馬沙洲，眺望遠方冰河壯闊的藍。這是一個寧靜不做作、人與自然結合的世界。

Date: 8 月 26 日

Day 27

30 miles

Homer

昨天白天天氣好，還出了太陽，半夜卻又下起雨，而且是狂風暴雨的那種。隔壁鄰居的帳幕都被吹倒了。半夜裡手電筒到處閃爍，人聲吵雜。

我們的小帳很幸運的維持到早上，正當我慶幸帳篷非常完美時，發現我的睡袋靠近腳的部分溼了。我抬頭看，原來外層的雨帳在強風吹襲下，整個貼在內帳上，所以雨水侵入內帳，滴在我的睡袋上。

情況並不嚴重，下次也要注意，外層的雨帳在架設時還要拉緊些，只要不碰到內帳就不會有這個問題了。大致上，這個帳篷算是非常安全，和我們一起在雨中露營非常多次，是可以信賴的帳篷。

拔營後再去 The Fishing Hole 釣魚，銀鮭在水面上跳躍、游水，但是就是不肯吃餌，我們依然沒有收穫。下午在 Land's End 飯店登記入住。這飯店位於荷馬的凸出沙洲最尾端，房間都有陽臺。晚上九點我們坐在陽臺的椅子上，天空雲朵片片，夕陽把雲層都染橘了，對面的山頭也染著光。一艘漁船就在眼前撒網捕魚，阿拉斯加人努力把握長晝的夏日努力工作，儲存冬季的糧食。

Date: 8 月 27 日

Day 28　14 miles　Homer

海上的朝霞讓你捨不得睡，陽光透過水氣，映在雲上留下紅橘光芒，天光燦爛……。

不過今天早起不是因爲文青，而是要搭船去健行，看冰河。

阿拉斯加是美國最大的州，特別的是，很多靠海的城市（地區）連著大陸，並不是島嶼，卻沒有建設公路，跟本土沒有聯繫道路，要靠飛機、船隻、直升機等交通工具才能抵達。像是之前去最北方的烏特恰維克，還有阿拉斯加的首都朱諾市（Juneau），就得坐船或飛機才能進出。

今天的登山地點跟荷馬連著陸地，隔著海灣相對，卻沒法開車到達，一定要搭船。

跟昨天的船一樣是七人小船，今天天晴，視野好，海上的風光一覽無遺，幾隻海獺悠閒的漂浮著，海鳥嘎嘎叫著，快到目的地時，還有幾隻大翅鯨（Humpback Whale）在船前大噴水氣，大家都興奮的到甲板上欣賞拍照。

我們在沙灘上下船，從這裡，沿著海岸線走了一英里的路來到登山口，之後便是在森林行走了。

這裡的森林坡度不陡峭，非常好走，山路都是自然步道，沒有鋪木頭水泥，昨天才下大雨，很多地方有積水泥濘。我們準備的防水登山鞋眞的很實用，在這次旅行中是非常重要的工具。

雨林氣候讓森林充滿各種不一樣的綠，針葉樹的深綠在光線中帶點銀綠，矮樹灌的褐綠中參雜著柳蘭的耀眼粉色，滿地的苔蘚是鮮黃綠，像是厚厚的地毯，走上去軟軟的，卻不陷腳。

在森林中，我看到另一種我可以辨認的可食野菇——虎掌菌（Hawk Wing）。在這裡的數量非常多，直徑從十公分到四十公分，有些眞的非常大一片，很壯觀。蕈面呈深褐色，最明顯的特徵是上面布滿褐黑色的凸出物，看起來有點像臺灣買得到的花菇。這種野菇也是要採集比較小朵、新長出來的，口感比較好，長太大的會帶點苦味。

越往高處走，身邊的植物林相也不同，高大的樹木沒那麼密集，越來越多矮樹灌木。我們來到一個小徑，身邊的樹灌木大約兩公尺高，小徑在灌木林中穿梭，終於來到盡頭，眼前景色一開，我倒吸一口氣，無法言語。

我們來到一個大湖邊：格魯英克冰川湖（Grewingk Glacier Lake），湖岸一片平坦砂石，岸邊連著一大片湖水，湖水上漂著大大小小的冰山、冰塊，有的是雪花白，有的是深邃天藍，有的夾雜砂石，呈冰灰色。每個形狀都不同，像是一場盛大的冰雕展覽。

湖的四周都是山，對岸的山上則是格魯英克冰河。這條冰河全長十三英里，位在基奈山（Kenai Mountain）上，屬於高山冰河。長年積雪不化，厚實深不可測的冰河，蜿蜒在山峰之間，氣勢雄偉。冰河典型的天藍冰色，伴著積雪的白色，顯得夢幻美麗。

整個景觀就是夢幻到不可思議。遊客們散坐在湖岸邊，靜靜欣賞這個美景。有人小寐，有人低聲交談，有人照相，有人生火露營。

我們拿出午餐，席地而坐，一邊吃一邊享受冰河。此時此景，人間難有。

旁邊有一群人拿出充氣式的皮艇（kayak），這東西不輕，他們居然就這樣扛上來。他們輪流把皮艇划進湖中，在冰塊、冰山中穿梭，從岸上看起來不怎麼大，以爲兩個手臂環繞起來大小的冰，當皮艇划經過前面時，才發現原來人跟冰塊比起來是這麼的渺小，有些冰山、冰塊竟高達五六層樓。所謂眼見爲憑，很多時候，看到的也不見得就是眞理。若沒有再進一步的求證，不過就是我們自己腦海的判讀罷了。

我們沿著湖岸走著，用不同的角度看著冰河，看著這些巨大的冰雕，不時會聽到轟隆隆的巨響，像是打雷那樣，有時候是遠方冰河傳來內部的怒吼；有時候，是眼前的大冰塊崩塌。剛才一個看起來像是張翅起飛的老鷹，一個巨響，冰塊崩裂粉碎，墜入水中揚起冰塵水花，然後變成一隻趴在水面的海豹。

眼前的景色隨時在變化，每個角度都不同，每一分鐘也不同。

距離水上計程車來接我們的時間只有一個小時，我們依依不捨離開，再看一眼，記在心裡。

重回到主步道上，然後走馬鞍步道（Saddle Trail）到另一個海灣。這條路很陡峭，我的膝蓋開始痛起來，每走一步都呲牙裂嘴，偏偏又不能走太慢，可不想錯過船班啊！

總算到了小海灣，等到小船，順利回到荷馬。

這趟行程我們走了七英里，花了六個半小時，包括中間停下來採菇、照相、吃中飯、欣賞冰河風景。

回荷馬後，我們去清魚站清洗今天採收的野菇。我看到有個漁夫在清洗一條超大的大比目魚（Halibut），我的「海鷗雷達」又出現了！我站在他旁邊，看他殺魚、取魚片，厚著臉皮問他，要不要肝臟？他說不要，可以給我，不過我得自己去取下來。

「沒問題！」我說完蹦蹦跳跳去車上拿刀子，回到清魚檯，結果一看傻眼了！一條去好魚肉，連著魚頭的全身魚骨被丟到我面前，這條魚大概將近八十公分。漁夫把最肥美的兩片魚肉取下，還是很多餘下來的部分是可以食用的，但我沒時間，冰箱也沒空間存放整條魚，即便是這樣，我用小刀把肚子邊的肉切下來，獲得三大片大比目魚！外面餐廳，半片的分量大概可以賣三十美金呢！

就在我跟大比目魚奮鬥時，又有人進來了。那是一對原住民父女。

等我處理好我的部分，我看他們滿滿一箱的銀鮭，眼睛都直了！

「哇！大豐收！」我讚嘆的說。

「是啊，女兒跟我一起捕的，都是她在做比較多。我們捕這些魚，煙燻起來，冬天就有食物了。」老父親深棕色滿是皺紋的臉，咧開大嘴開心的說。在阿拉斯加，只有當地人還有原住民可以用魚網捕魚，所以他們通常可以一次捕比較多的分量。

「太棒了！」我由衷的說。老父親聽了很開心。最引我注目的是，他們用烏盧刀在殺魚、剖魚。

「這些魚卵你要不要？」老父親問。

桌上大約有十條鮭魚卵！

「眞的嗎？」我問，轉頭看向女兒，忙碌的女兒點點頭，「我們不吃的。」

「太好了！謝謝！」我興奮極了。

老先生拿起兩片女兒辛苦切割下來的魚片，「你喜不喜歡吃魚？這個給你！」

「啊……」我陷入天人交戰。

「我很喜歡吃魚！」我頓了一下說，「不過這是你們辛苦用勞力換來的，我不能跟你拿，我拿魚卵就非常開心了！謝謝。」

我的原則是拿人家不要的東西，因爲可以吃的東西被丟棄很可惜，但我並不是想不勞而獲，隨手拿取別人辛苦的成果。而且我知道，原住民或是當地人，他們用夏天的時間努力捕魚打獵，這樣冬天才有食物吃，老人家對女兒辛苦的捕魚可能沒什麼概念，原住民的熱情天性使然，讓他隨手想送我漁獲。

我的拒絕似乎讓女兒鬆一口氣，我看她忙碌的臉色放軟了些，「這些還會有更多的卵，都可以給你！」她指著身旁的母鮭魚！

就這樣，這天，我站在清魚站，手上沒釣到半條魚，可是拿到三片大比目魚、一副魚肝，跟十六條魚卵！

「我覺得如果我們搬來這裡住的話，天天都會有免費的魚可以吃。」我半開玩笑半認真的說。

「對啊，你就是『魚餌』！只要在這裡一站，跟漁夫聊聊天，就會有東西吃。」Robert 笑著說。

「不過我都沒拿人家辛苦的收穫喔，我只接收他們不要的東西。」我鄭重聲明。

我們在清魚站旁的野餐桌把魚肉、魚肝、野菇全部都煮熟，吃了一部分，晚上回飯店處理了兩條卵，剛好裝成一罐。

上圖：我釣到一條粉紅鮭魚！有五十多公分長，重得我無法握超過半分鐘。用最原始的方式取得食物，從產地到餐桌，就是那麼直接無華！

下圖：到處蒐集其他釣客們不要的魚卵，處理好鹽醃起來，可以在旅程中吃好多餐，鮭魚卵吃得很豪邁，好像不用錢一樣！

上圖： 這趟旅行我們買了烏盧刀當作紀念品，一來這是阿拉斯加原住民當地傳統的刀具，很實用；二來這些刀多半是當地藝匠製作的，很珍貴。

下圖：在湖邊遇到推廣駕駛帆船的年輕人，帶我們出湖揚帆，享受駕駛樂趣。這趟旅行有許多意料之外的行程，體驗特別的活動。

上：蘇厄德的船導之旅見到許多海鷗，但最讓人興奮的莫過於看見海鸚了！鳥喙寬大橘黃色猶如大鉗子，從正中央的眼睛牽出兩條黑線，讓表情顯得特別的華麗可愛。
下：在路旁見到北美馴鹿。不驚擾野生動物是一種尊重，在這片土地上，牠們才是主人，我們是闖入的過客。

上：麝香牛是極地特有的大型哺乳動物，外型跟美洲野牛有點像，不過額頭上有兩隻彎長 S 型的角，我覺得跟喬治・華盛頓有點神似。

下：在科迪亞克島上有非常多本土棕熊。一隻熊全神貫注，來回走動，觀察河裡的魚，然後才下水抓魚，行動迅速，馬上有收穫。

摘採野菇，不能光依靠顏色分辨有沒有毒，最好的態度是：只吃你確定認識的野菇。在阿拉斯加，這些是我們常見、摘採的野菇：牛肝菌（右上）、硫磺菌（右下）、毒蠅傘（左上，有毒，不能食用）、珊瑚狀猴頭菇（左下）。

Date: 8 月 28 日

Day 29 | 14 miles | Homer → Kodiak

早上 Robert 去超市買鹽，還貼心的幫我買優格當早餐。而我也不是閒著的，繼續跟鮭魚卵奮鬥。

今天努力的清了八條卵，相較於第一次不熟悉，整整兩個小時只處理好一條，到現在，我有新的想法。當時，只有一條，所以每一顆卵都非常珍惜，我不肯放棄任何一顆，所以那些零散的，被黏膜纏繞著的，我都努力花時間去一一解開，我力求百分之九十五的收成。

現在，數量太大，而且我們今天有別的行程，早上就要退房，沒有一整天的時間讓我這樣做，到時候恐怕就要丟掉沒處理的鮭魚卵了。所以我改變策略，在水裡搓洗卵巢囊，那些要花很多時間才能拿下，甚至很多時候拿不下來的卵子就略過了，我求的是百分之七十的收成。同樣的時間裡，雖然我放棄了一些魚卵，但處理了更多卵巢囊——今天一口氣清洗、鹽醃了八條魚卵！

對於那小部分的放棄，剛開始很不習慣，要有一種狠下心的決心才行。對於這麼珍貴的高級食材平白丟棄，我的內心難以接受。但是我知道這是一種取捨。

同時，我領悟人生的取捨也是如此。常常，我們糾結在一些細微的東西上，放不下那些被纏住的片段，結果無意中，錯過生命中更多更好的部分。

這八條卵囊收成爲兩罐裝，之後就再也沒有力氣做更多了，而且早上十一點就要退房，在那之前要把東西全部打包裝上車。剩下六條，我想了想，用鹽水泡一下，今天中午全部拿來煎一煎。

早上 Robert 去買鹽時，忘了買廚房紙巾。所以退房後，我們先去另一家超市 Save-U-More。

這些超市的東西大部分是 Costco 買來的，再加點價錢賣出，但非常合理。人家幫你千里迢迢買來，付了油錢，花了時間，讓你可以輕鬆購買。

店內除了 Costco 的貨品，也有不少亞洲食品，非常好逛。我買了味噌醬，Robert 很喜歡我做的味噌鮭魚，那六份鮭魚卵就可以有更豐富的做法，不會只是加鹽煎一煎就好。

採買之後，我們回到清魚站的野餐桌，繼續我的煮魚人生。

我先用味噌醬醃鮭魚，然後起鍋開煮，煎魚卵。小小的魚卵，遇火加熱後會爆開，好像我開鍋放鞭炮一樣。好不容易我把外面煎得焦脆，然後開始煎魚，花了點時間把這些都煮熟了。

我倆合吃兩條魚卵，一塊鮭魚，還有幾天前剩的魚肝，剩下就裝進矽膠袋，晚上再微波來吃。

這幾天這麼拚命的處理烹煮食材，跟我之前露營的態度很不同。我跟 Robert 都覺得出來旅行，想花時間在探索大自然上，多體驗不同的經驗。是不是住好的飯店，是不是吃好的料理，都不是最重要的目的。有，我們會開心的享受；沒有，我們也是怡然自得。露營時，我完全不想煮幾菜幾湯，火鍋、牛肉麵、蛋餅豆漿包粽子……能五分鐘內處理好的料理最重要。我不想把家裡的工作整個搬到戶外來做，這些事在家做又方便又省力。

冷凍粽子用微波爐加熱，冷凍豬舌解凍沾醬油，熱水加熱泡麵，水果拿出來直接吃，優格打開用湯匙挖……這些才是我願意做的。

但是這次，連著好幾天，我採集、清理、烹煮野菇；釣魚、買魚、處理漁獲、醃製鮭魚卵……我自己也很驚訝這次我是如此心甘情願，花費非常多的時間跟精力做這些事。

我想，主要的原因是，這些事並不是我在加州會輕易遇到的事。

通常我們去旅行，一定跟在當地居住有非常大的差別，我們只能在短暫的造訪時間裡，微微窺看一下當地人的生活樣貌。造訪很多國家、景點是很容易的一件事，但是能好好了解這個地方則是另一回事。這次在阿拉斯加，我們一樣也是過客，但是卻有這些特別的機會，能夠稍微的深入體驗他們的生活，這讓我非常著迷跟感謝。

在這幾個靠海的城市，我常常跟漁夫們聊天，其中一個告訴我，他在夏天的時候，每天沒日沒夜的捕魚、清魚，爲冬天儲備食物。我問他會不會煙燻鮭魚？他笑了笑，當然會啊！好像我問臺北人會不會坐捷運那樣。他還說，以前他住的地方沒有供應電力，他捕魚後必須馬上煙燻，才能保存整個冬天。現在他有新的住處，有電力有冷凍櫃，所以清好的魚可以凍起來，之後再慢慢煙燻。很難想像，在這麼一個冬季黑暗、冰天雪地，夏季多雨寒冷的阿拉斯加，有人可以過沒有電力的生活，那是多麼原始自然的方式？我無意去體會，只有佩服。

我無法沒日沒夜整個夏天忙著處理魚，但是這幾天手上有魚肉有卵有肝有膘、深深體會這些東西得來不易，一點也不想浪費，所以趁著新鮮，趕著處理，不管是要冷凍，還是鹽醃，還是煎煮，都要跟時間賽跑。這也讓我想到我們院子裡的農產，產量大的時候，爲了不浪費，也是要花很多時間來處理。

出門前，我在洛杉磯做了些食物冷凍起來帶在路上，大約十一餐的分量，去烏特恰維克前把它們都吃完了。本來想，這下都要外食了，沒想到，我學會辨認可食用野菇的技能，學會如何處理魚卵，如今車上冰箱裡還是滿滿的食物，大約一星期才會需要外食一餐。對於旅行的人來說，我替自己感到驕傲，覺得很不容易。

煮完這一頓，Robert 把杯碗瓢盆洗乾淨，到晚上搭乘渡輪前還有點時間。我想，來到這個觀光小鎮七天了，來當回觀光客，去看一下商店好了。Robert 去看鳥，我留下來逛街。

在這趟旅行中，我對刀子非常感興趣，我倆已經各買了一個當地人（不是原住民）做的烏盧刀，可是我還是很喜歡欣賞各式各樣用當地材料製作的刀子。我在這裡進出幾個禮品店，一律只看刀子。

這次我看上口袋型折疊烏盧刀，刀子本身就是縮小迷你版的烏盧刀，刀柄則是用各種不同的材質，像是骨骼、鹿角等等。最後我選上一把用海象的下顎骨做成的刀柄。店員指給我看顎骨裡有嵌著一些鮮豔藍色的東西，「這是一種礦物質，叫藍鐵礦（Vivianite）。這個顎骨化石化了，所以在裡面形成了礦物質。」聽起來真的很特別。而且已經在大自然中變成化石了，所以這骨骼不是獵殺來的。

店員還解釋，在阿拉斯加，只有原住民可以狩獵海洋生物。所以原料是原住民收集，由當地製刀匠跟原住民購買，製作成各式的刀子。我很喜歡這種當地人製作的刀。沒錯，會比較貴，外頭的禮品店也會有賣外國進口的烏盧刀，便宜多了，但是相當粗糙，一點美感也沒有。

我用了十五年的隨身小包在這趟旅程中壞了。我趕快買了新的替代，但是還缺一個可以放幾張信用卡的小皮夾。

我隨意走進一家皮飾店。跟店員小哥聊一下，才發現原來他是老闆，而且店裡的皮件都是他手工做的。我仔細看一下，他的設計簡單，做工仔細，用料實在，挺喜歡的。我看上一個小皮夾，符合我的需求，美金六十元，在阿拉斯加可以買到當地手工製作的東西，真的很開心。

我喜歡支持當地人，這並不是抱持著外來者的優越感。當地人過得自在富庶，不需要我們高高在上的「支持」、「幫助」。我喜歡購買當地人的手工品，比較像是抵制外國廉價、沒有特色、千篇一律的大量生產品。

我個人並不是那麼喜歡色彩鮮豔、全部長得一樣只是地名不一樣的「紀念品」，明明這些都是國外進口的東西，印上當地地名就成了紀念品了。只是這年頭，要找到當地人製作的東西非常不容易，因爲他們的手工比較貴，價格上很難比得過工廠的大規模生產啊。記得幾年前回臺灣，全家人安排去日月潭玩，爸爸看上一個木雕的杯子，造型古樸，有當地原住民的風格，他挺喜歡的，我就跟爸爸說，如果你喜歡，覺得漂亮，那就買，不要期待這是原住民做的，因爲手工沒那麼便宜。果然，我們問老闆這是哪裡做的，老闆說，他去國外批發來賣的。

所以這次在阿拉斯加，我買東西時盡量買當地製作的東西，能買到實用而不是拿回家後就養灰塵的東西更是開心。

阿拉斯加旅遊的方式有許多種，除了之前提到的坐郵輪、飛機外，就是我們的自駕遊。自駕遊的路線也是有很多不同的選擇。當時，曾考慮走陸路，從加州到阿拉斯加，然後回程走海路——不是郵輪，是渡輪。但是因爲我們決定得太晚了，所以找到另一個方式，回程的時候部分走渡輪，部分走陸路。

今天就是第一段的渡輪行。從荷馬到科迪亞克（Kodiak）。

這種往來島與島之間的渡輪很大，車子也可以開上去，讓我們到下一個目的地時也有車子可以開。今天晚上啟程，到達科迪亞克是明天早上。渡輪的前艙有個很大的空間，像是餐車那樣，擺放著許多的長桌子、長椅子，旅客們可以各自選桌椅度過長夜。爲了有不同的體驗，這一段我們沒有訂臥鋪，從車上拿下睡袋，橫躺在有墊子的長椅上，塞上耳塞入睡。船行穩定，不會晃，艙裡大家也都很節制，晚上十點一到，自動安靜下來，床艙的燈也暗下來，在渡輪上過一晚，很新鮮的經驗。

Date: 8 月 29 日

Day 30

29 miles

Kodiak

早上十點半，渡輪抵達科迪亞克。我們開車前往下一段旅程。

科迪亞克位在科迪亞克島（Kodiak Island）上，是全美第二大島，總面積三萬五千九十五平方英里（相當於九千三百一十一平方公里），是臺灣的四分之一大。在這個島上最有名的，就是科迪亞克棕熊（Kodiak Brown Bear）。

科迪亞克棕熊在這個島上跟本土棕熊隔絕超過一千兩百年，是阿拉斯加本土棕熊，不僅是棕熊體型最大的一個亞種，也是現存世界上體型第二大的熊。

這種棕熊在島上有三千五百隻，所以接近每一平方英里就有一隻熊！密度非常高。來到這個島的目的就是看熊，但是一定要注意安全，在這個島上行動，只要一離開車子，我們就會隨身帶著防熊噴霧劑。

中午我們沿著巴斯金河（Buskin River）往上游開，來到一個州公園，這裡有野餐區，露營區，也讓遊客釣魚。我們決定在這裡吃中餐。

我們停好車，拿著食物到野餐區時，對面迎來一個釣客，手上提著大鮭魚，我還沒來得及讚嘆他的收穫，他神情緊張又興奮的跟我們說，有一隻熊出現了，在野餐桌的對岸。熊！來這裡就是要看熊。我們三步併作兩步，來到河邊的野餐區。

果然，一隻大棕熊從河對岸的山坡上走下來，就在我們的面前，我們手上還有食物，這其實是很不妙的事，不過牠跟我們有段距離，而且注意力完全不在我們身上，牠全神貫注在河裡活碰亂跳的鮭魚——這裡也是鮭魚洄游產卵的地方。我也注意到，河岸邊有死掉的魚屍。

熊靠近魚屍，碰了碰，聞了聞，並沒有興趣，牠來回走動，觀察河裡的魚，然後才下水抓魚，行動迅速，馬上有收穫，之後很快的回到山林裡。

下午覺得異常疲累，六點回到旅館，躺著休息。在這個島上幾天的行程，我們決定住旅館，因爲熊的數量很多，牠們跟整個社區共存，在戶外搭帳篷的風險很高。來之前遇到其他有經驗的旅客，都建議我們不要在這個島上露營。

Date: 8 月 30 日

Day 31

128 miles

Kodiak

尼爾群島（Near Islands）是科迪亞克市中心南方的島嶼。今天我們開車過橋，來島上探訪，選了一條健行的路線，輕鬆走走。

我在這裡粗淺學會辨識紅菇屬（Russula）這一種類的蕈菇。

自從我在臉書上貼了採食野菇的經驗後，發現不少人有一種觀念：「顏色越鮮豔的菇越毒。」其實這樣的想法並不完全正確，第一，會誤導人，以爲顏色樸拙的就可食用，就是安全的，但反而很多褐色、不起眼的野菇，其實是不能食用的；第二，有些顏色鮮豔漂亮的，也是可以食用的，而且是很美味的野菇——像是我之前介紹的硫磺菌的菇型就是又大又鮮橘，造型又美；還有珊瑚菇（Coral

Mushrooms），其純黃色的外貌在一片森林綠意中可是非常耀眼；再來就是紅菇屬，表面有紅、紫、黃等等豐富的色彩，卻是屬於安全可以食用的菇類。

一般而言，不能光依靠顏色分辨有沒有毒，最好的態度是：只吃你確定認識的野菇。不能「看起來好像」，不能「應該可以吃」，只要不確定，就不要採，寧可錯過，也不要亂試。有人問我如何知道有沒有毒？答案是要多做功課，多採集樣本，比對照片辨認，跟專家討教等等。跟任何一門興趣一樣，要花時間建立培養。

紅菇屬的蕈菇種類有很多種，算是好辨認的菇種。蕈蓋顏色鮮豔漂亮，有紅色、粉紅、淺綠、黃色等。蕈摺線條等距分布。沒有蕈環，蕈柄挺直，大多是白色的。

很多紅菇屬可以食用，但是朋友帝米奇不太建議我採摘紅菇屬，主要的原因是這種菇體非常脆弱，一碰就散了，不容易保存，常常帶回家後就四分五裂。不過我還是採了兩朵，回去嚐嚐。

下午開車到薩金特溪（Sargent Creek），這裡的鮭魚數量非常驚人，密密麻麻，稠密程度彷彿徒手就可以抓到。當然，照規定只能用釣具釣。

我在溪流出海口釣魚，Robert 往下走到海岸邊賞鳥。我身邊的釣客都是男性，並觀察到一個有趣的現象，他們釣到魚之後，都會把牠們放回去。詢問後才知道，目前這裡最多是粉紅鮭魚，有少數的銀鮭。但他們是不吃粉紅鮭魚的，他們在等銀鮭。

「味道難吃死了！粉紅鮭魚是做罐頭用的。」每個釣客都嗤之以鼻的說。

真的這麼難吃嗎？一路上聽到的都是銀鮭，帝王鮭（King Salmon）才是釣客的目標，沒有人要粉紅鮭魚。

這裡的粉紅鮭魚實在太多了，沒多久，連我這種新手也釣到了！這可是我唯一釣到鮭魚的經驗，怎麼樣我也要留著。

這條魚非常重，Robert 又在遠方，我來來回回跟魚拉扯很久，終於讓我拖上岸了！這魚有五十多公分長，手邊沒有秤重的儀器，但我兩隻手握著無法維持半分鐘，很重，Robert 估計有兩公斤。這實在太有成就感了！用最原始的方式取得食物，沒有超市過度的包裝，從產地到餐桌，就是那麼直接無華。想到接下來的旅程，加上野菇，又可以避免外食，自炊很多餐了。

下午我們開車到帕薩沙克（Pasagshak）。這裡是科迪亞克開車可到達的最南端。我們很喜歡開車到處走，這裡很多地方都非常原始，海岸線曲折有變化，也不是絕大多數遊客會來的地方，所以相較之前荷馬、蘇厄德的熱鬧，科迪亞克顯得清幽許多，像是海上一顆珍珠，散發自己的光芒。我們完全不在意這裡沒有紀念品商店街，山景海景才是好逛的地方。

傍晚回去的路上，我心裡想著，眞希望可以再看見熊一次！正想著，前面有一群人在橋上圍觀，我們也看到了！有熊！沒想到，我的許願得到兌現了！

熊喜歡在傍晚漲潮的時候出現，這次有四隻，一隻熊媽媽帶著三隻幼熊，在薩金特溪附近，沒錯，就在下午我釣魚點前方的那個海邊（回想起來，有點毛毛的）！在野外看到熊媽媽帶著幼熊理應要遠遠避開，母熊的天性要保護仔熊，會對外界比較緊張，攻擊性比較強。眞慶幸釣魚時牠們沒來，我一點也不想跟熊搶魚。

能看到熊寶寶眞是太興奮了，大家手機相機拍個不停，一直到熊離開後才慢慢散去。

我們來到這裡的清魚站，它規模比較小，而且是露天的。我們剖開剛才釣到的魚，太棒了！魚肚有卵，是母魚，這次我不僅可以自己做鹽漬鮭魚卵，而且是來自我親手釣捕的！

正當我們跟這條大鮭魚奮鬥時，一位小哥走來，手上拿條更大的鮭魚——是釣客最想要的銀鮭！我一邊幫忙清理，一邊虎視眈眈的偷瞄，看看他釣到的是不是母的，以及他留不留卵。

小哥身手快，熟練的片出兩片魚清，這次，他連肚邊肉也小心切條。我想，這人懂得吃，恐怕魚卵也會自己留下來。

沒多久，他拎著殘餘部分要丟到回收桶，我趕忙攔住他。

「抱歉，如果你不要魚卵，可以給我嗎？」我問。

「當然可以。」他大方的說。其實也沒什麼好不大方的，這是他不要的東西。

我謝過後，接住魚的殘骸，拿刀小心的切下魚卵。

「那你們要不要這個？」他問。我抬頭一看，他手裡拿著兩大片魚。

我跟 Robert 對望一眼，太難理解了，他手上不過一條魚，這兩片是最主要的食物，他爲什麼不要。

他看出我們的疑問，「我有太多魚肉了，吃不完，我釣鮭魚其實主要是取下牠的肚邊肉，用來釣大比目魚的。我的鮭魚肉最後都送給別人了。」

原來如此，大比目魚眞的是很多人的最愛，是終極目標！我也超喜歡的，想不到這位小哥喜歡到去釣鮭魚來釣大比目魚。既然這兩片魚肉不是他的主要目的，他另外有更大的目標。那我就不客氣了，馬上說好！

就這樣，我又在清魚站領了免費的漁獲，這次還是人家殺好剖好的銀鮭魚片！

不過我也禮尙往來，我不太會處理自己釣到的粉紅鮭魚肚邊肉，既然他可以用此釣大魚，那我也大方的給他，他非常開心，接手取出肚邊肉——兩人都拿到自己想要的東西，在這裡以物易物，彷彿回到舊時代的生活，有一種簡單的美好。

回旅館，又開始「魚婦」生活。我們在飯店前院樹林旁煮今天的兩條魚，把它們切成十六片，兩人一餐吃兩片，這樣可以維持八餐！

我在切魚、醃魚時，請 Robert 回房間去幫我拿東西，他回來後臉色緊張的告訴我，「房間門口有旅館貼的告示，今天有熊在旅館附近出沒，請大家小心。」

我瞪大眼睛——這島真的是熊島！一點也不誇張，我們把防熊噴霧劑隨身帶著，一邊煎魚，一邊看著四周。

沒多久，一輛休旅車開進旅館，停在我們旁邊，我正煩躁這人怎麼靠我們這麼近，駕駛搖下窗戶告訴我們，他剛才開車在大道上，看到一隻熊，然後這隻熊走進了我們旁邊的樹林裡。

「就在你們身後。」他緊張又熱心的提醒我們。

我聽到了什麼！

之前我努力許願，希望可以再看到熊，看來我許願許得太用力了。

「我們要不要撤退回房了？」我問。看著滿桌的鮭魚，油煎得香噴噴的，若我是熊一定靠過來。

Robert 想了一下，「不用，就是多小心，你煮，我站崗。」

他把車頭燈打開，照亮桌子跟樹林，手裡緊緊握著防熊噴霧。「如果熊出現了，第一件事，你跑到車上，用力按喇叭。把熊嚇跑。有沒有聽到？」

「好！」我點點頭。

魚還在鑄鐵鍋上滋滋響著，熱鐵貼著魚肉，香味四溢。我鎮定的煎完十六片魚片，還把鍋具都清理乾淨，大功告成，到結束前熊都沒出現，看來牠往另一頭跑了。

我們嚐著自己釣的粉紅鮭魚，說眞的，我們都覺得非常好吃！跟銀鮭不同，肉質比較軟，但是味道很好，很新鮮，實在不知道那些人在嫌什麼！

粉紅鮭魚的卵也跟銀鮭的卵不同，顏色偏淡橘，比較大顆，跟外面餐廳賣的大小一樣。之前以爲鮭魚卵比較小顆是因爲野生的關係，現在知道，原來不同種類的鮭魚，卵的大小顏色也略有不同。

這樣弄完都晚上十一點了，很累，但是這些漁獲都煮熟了，日後直接加熱就可以食用，讓我感到心滿意足。

Date: 8 月 31 日

Day 32

138 miles

Kodiak

今天早上經過薩金特溪，看到熊媽媽帶著三隻小熊，這次距離更近了，母熊跟兩隻小熊睡在草叢邊，外面還下著雨呢！一隻小熊在河邊不遠處徘徊，牠一直看著水裡碰碰跳跳的鮭魚，心裡一定想著，好多魚啊，可是怎麼抓呢？

牠沒煩惱多久，也挨著母熊沉沉睡去。

我赫然發現，母熊跟小熊睡覺的地方，就是我昨天釣魚的地點耶！當時連我有五個人在這個地方垂釣，現在當然一個人也沒有。岸上圍了一圈人來看熊，但是都保持著安全距離。我應該是再也不敢去這裡釣魚了。

科迪亞克開車能去的地方不多，差不多都走過了。熊出現的機率很大，但彼此和平相處，這真是奇妙之島。我曾問當地人，這裡的熊會冬眠嗎？我們冬天來是不是就看不到熊了？當地人說，有的會冬眠，有的會半冬眠——半昏迷的在街上走著，像是喝醉那樣。因爲沒有鮭魚，所以牠們會進入人類的社區，翻垃圾桶找食物，或是捕捉半放養在路上的寵物。很多狗、貓如果沒好好待在家裡，很可能會被抓去吃掉。眞的是一個很不一樣的食物鏈世界。

Date: 9 月 1 日

Day 33

72 miles

Kodiak

早上打包，整理要上船的東西。今天晚上要搭四天三夜的渡輪（不是郵輪）從科迪亞克出發，在惠蒂爾（Whittier）停靠，之後直接到朱諾市。

我們打算在上船前再去一次薩金特溪，這次看到兩組熊。第一組是熊媽媽A帶著三隻小熊，第二組是熊媽媽B帶著兩隻小小熊。這裡果然是熊出沒最頻繁的地方，越想越覺得我第一天來就在這釣魚，眞是膽子好大。

現在是鮭魚洄游季節，所以在漲潮時，科迪亞克棕熊會來到河流海洋交界處捕鮭魚吃。所以我們在科迪亞克的每一天，都可以在這裡看到熊出現。這次最特別的是看到大熊相會的場面。

我們先看到熊媽媽B帶兩隻小熊在河邊上走動，

距離夠近，我趕忙拿手機錄影記錄。

觀察三熊行走，有些行爲覺得跟之前看到的不一樣。兩隻小熊緊跟在媽媽後面，並不是在附近自己走動，媽媽眼睛看著前方，神情非常專注，兩隻小熊不時以前腳離地，用後腳站起來，那是熊的一種示威，警告的行爲。

我正在想，爲什麼呢？不會是人，我知道有熊出現，就會有人在路邊圍觀，但是大家都知道要保持距離。還有什麼讓牠們覺得被威脅？牠們可是島上最大的掠食者啊！唯一的可能，就是有另外一隻熊出現！

想到這，我轉頭過去看，果然！在牠們前方有一隻更大的公熊從林子出來，朝著母熊小熊走去。

我們都屏住呼吸，一片安靜，不知道這兩隻大熊相遇，會是怎樣的光景？熊的地域性很強，到底是體型比較大、比較威猛的公熊占上風？還是帶著小熊，保護性強、攻擊性強的母熊占上風？

母熊穩穩的走著，舌頭一直伸出，小熊則是輪流站起來示威，彷彿在說，「媽媽別怕，有我們在！」就是年輕人天不怕地不怕的毛躁樣。

走一段路，母熊開始回頭，牠先把小熊們往後推，擋在公熊跟小熊們之間，確定離公熊一段距離後，再度華麗轉身，面對公熊。

公熊伸長脖子，聞著牠們的氣味，母熊跟公熊對峙，緊張的氣氛在溪邊流轉。

兩熊相望，不是因爲深情，而是展現威嚇力。這時母熊又看了小熊一眼，確定牠們都沒事，才昂起頭，朝著公熊走去，小熊們還是緊緊跟在後面。

母熊的腳步穩定，不疾不徐，公熊停頓沒多久，轉過身，朝著叢林走去。牠知道，不要惹帶著小熊的母熊！

母熊領著小熊跟在牠後面，彷彿要確定這公熊離開牠的領域，也跟著入林，一分鐘後，母熊領著小熊從叢林出來到河邊，緩緩的，帶著勝利的穩定，小熊們也不再後腳站立示威，朝著河邊另一頭走去。

這段觀察實在太珍貴了，要在這麼近又安全的距離下看到熊的生態，眞的是非常難得又寶貴的經驗。

看完熊沒多久，Robert 接到一通電話，我看他臉色沉重，心裡開始不安。原來開來科迪亞克的船因爲機械問題，掉頭回去惠蒂爾，所以今晚我們沒船了！天啊！坐渡輪就是會有這種自己無法控制、船班取消的風險，之前我們就曾經歷渡輪臨時取消，被困在島上，沒有睡袋、沒有禦寒物，過了難熬的一晚。

我們得馬上討論選擇，下一艘同一行程安排的渡輪要兩個星期後才有。我們不想被卡在科迪亞克這麼久啊！另一個方案，明天有船回到荷馬，從荷馬可以開車到惠蒂爾，從那裡可以接上到朱諾市的另一班渡輪，但是我們得等候補。或者甚至從荷馬直接走陸路，慢慢開回加州。

後來決定，明天先回荷馬，然後開車去惠蒂爾，之後再見機行事。我們旅行時喜歡保有彈性，因此住宿安排都不是早早訂好，而是時間靠近再找，所以即使在暑假旺季的阿拉斯加也沒遇到問題，尤其我們並不是很在意一定要高檔的飯店，有得住就好。像這個時候，我們就很慶幸不用更改後面行程的飯店。

我們打電話到原來的旅館，他們說，只剩一個房間，趕忙下訂。科迪亞克太多熊了，我們不敢露營。

Date: 9 月 2 日

Day 34

80 miles

Kodiak → Homer

科迪亞克有臺灣的四分之一大，但是開車可以到達的地方卻不多，這個島上除了科迪亞克外還有其他的城鎮，都要坐船或搭小飛機才能到。這個島跟阿拉斯加南邊很多地方一樣都是土質鬆軟，氣候多雨，跟臺灣很像，強力的水勢容易造成土石坍方，開建公路不僅不容易，還會嚴重破壞自然生態，所以政府乾脆把大部分的島規劃成自然生態保護區，只做少部分的開發，因此，鮭魚可以洄游，棕熊小鹿可以自由行動，森林到處可以看到野菇。在阿拉斯加南方各海灣和海島之間，飛機跟船比陸路的車還要方便、通達。

因爲船班取消，我們在這裡多待一天。契尼亞克（Chiniak）在科迪亞克南邊，開車一個多小時就可以到達。我們先經過一個很可愛的小小郵局。這趟阿拉斯加旅行，我對郵局很有興趣，覺得天涯海角，有郵政人員替你處理信件包裹，傳遞人間的感情，是很幸福的事。

我們來到契尼亞克，這裡的海灣非常壯麗，島上的岩石深入海中，上面都是針葉林。我們沿著海岸高地走，一邊是懸崖，懸崖下岩石多變化，豐富迷人，海水在難得的藍天日照下，湛藍深邃，寬廣無邊。一邊則是茂密森林，擋住大部分的日光，養足了滿地像地毯的苔蘚植物。我也看到很多蕈類，好希望可以有足夠的知識可以辨認它們。

我在森林裡走著，貪婪的看著土地，尋找蕈類，眼前出現三株顏色非常豔紫的野菇，最大的直徑快二十公分，而且型態樣貌都很完整，我忍不住摘了下來，我估計它是紅菇屬。我把照片傳給帝米奇看，同時自己上網查資料，交叉比對，確定這是黃孢紅菇（*Russula Xerampelina*）。這是最常被拿來食用的紅菇，本身帶著海鮮的味道，所以又俗稱 Shrimp Russula，或 Shellfish-scented Russula。

又認得一種野菇，真的非常非常開心！

結束後，我們趕著回到港口，三點報到，上船，五點開船。

這次我們有被安排到房間，兩個上下鋪，有對外窗戶，房間還有個小洗手檯。公用洗手間在外面，也可以淋浴，眞是高級舒適啊！這不是豪華郵輪，所有的設備都是實用無華的，但是我反而很喜歡這樣的簡單。

渡輪上，我們跟兩位阿拉斯加原住民聊天，他們來自阿克希奧克（Akhiok）這個小鎮。阿克希奧克在科迪亞克島最南方的小村落，沒有道路可以到達，只能坐飛機去。

在阿拉斯加常常可以看到原住民，他們有著漂亮的棕色皮膚，體格健壯，眼神深邃，五官線條柔和明亮，我對他們很好奇、很想有機會跟他們聊天，也想幫他們照相，可是在美國，很注重人與人間的平等尊重，尤其是西方世界入侵後，外來人跟原住民的關係變得微妙，要怎麼自然的開啟話題，是一門學問。

這對兄弟非常開朗健談，也很樂意我問問題。

「阿克希奧克可以坐船過去嗎？」我問。

「可以，我坐過，」哥哥說，「要六個小時。坐小飛機比較快，才四十五分鐘。」

他們告訴我們，村落只有六十多人，很多人都到外地工作、生活了。他們自己也是住在美國四十八州，每年回鄉一次。回鄉的時候就會幫忙家務，像是打獵海豹、海獺、鮭魚等等。家裡總共有五個兄弟，他們都跟父執輩的村人們學過用海豹皮做皮划艇，也會教學校的孩子們這項技能，希望能一代代繼續傳下去。

那是一個觀光客不會想去的地方，當地沒有旅館飯店，想來也不會有什麼禮品店餐廳之類的。但是我好想有機會去看看那個完全與世隔絕的地方。

我問他們，如果有外來人想去拜訪，可以怎麼做？要住哪？他頓了一下，思考的表情眞誠又帶點困惑，可見這不是常常出現的問題，好一會兒，他說，「你要有認識的人，或者可以詢問村長，讓村長安排這件事。」

Robert 問他那裡有什麼特別的景點，他告訴我們，在科迪亞克最南端有一個海灣——阿利塔克角（Cape Alitak），那裡沒人居住，但是有史前時代留下來的岩石雕刻，是最珍貴的歷史資料，研究人員直到現在還在探討這些雕刻所聯結的文化意象。從他們的村落過去也是沒有路的，只能坐船過去，要花好幾個小時，要有認識的人帶領。聽起來眞的是難以到達的天涯海角。

Date: 9 月 3 日

Day 35 | 230 miles | Homer → Whittier

早上七點半，渡輪回到荷馬。荷馬跟我們離開時很像，持續下著雨。我們不多停留，直接從荷馬開車到惠蒂爾。

這裡會再度經過雨林區，我印象深刻，路邊隨便停下來就可以採好多可食用的野菇，這次我也不放過。我們停了幾個點，我就收集了牛肝菌、虎掌菌、紅菇屬，還找到一個新的：平截棒瑚菌（Truncated Club，學名 *Clavariadelphus Truncatus*）。想要認識野菇，除了買書研究外，到野外實地去接觸是最好的方式。可以看到不同生命階段的蕈類，可以了解它們生活的環境，實際觀察才能深入的了解。

傍晚我們來到惠蒂爾，要開車進入這個城市，首先需要通過一條特別的隧道。

很久以前，原住民從坦納根海灣（Turnagain Arm）要到威廉王子海灣（Prince William Sound）做貨物交易時，都要徒步攀爬過高山，越過波地奇冰川（Portage Glacier）。之後也有不少淘金客，試圖在這條路線實現他們的財富夢，是一條艱辛又困難的路線。

一九四一年，美國軍隊駐進，規劃一條鐵路支線從惠蒂爾到波地奇，這條鐵道後來成了戰時最重要的物資補給路線，日後也讓惠蒂爾蓬勃發展，人口增加，建設發達。

這項工程包括一條約二．五英里長，穿越美納德山脈（Maynard Mountain）的隧道，之後就用當時規劃的軍事工程師名字安東．安德森（Anton Anderson）爲隧道命名。

隧道與鐵道的開通，帶動城市的發展。在一九五〇年代又有了一次的改變，戰後軍隊退出惠蒂爾，這裡歸回聯邦商業用，成了觀光商用港口城，直到今天。

隨著漁獲業務、郵輪停靠、拜訪遊客等的增加，往來的交通需求也提高，在經過多年的環境評估後，一九九八年，他們做了一項大工程，讓這條隧道也可以通行汽車。這是一個非常聰明又經濟實惠的方式，這樣就不用另外開鑿一條隧道，或是加蓋另一條公路。同樣一個隧道，可以火車通過，也可以汽車通過。工程在二〇〇〇年完成。

想想，這真的是非常近期的事，在二十多年前，兩邊人們來往只能靠火車或走路，會是多麼的不便？阿拉斯加的生活邏輯不能用我們的習慣來看待。

這是條單線的隧道，一次只能單向通行一種車，所以必須有嚴謹的通車時間表。

我們到達隧道前，買了車票，工作人員揮手指示我們停下來等候。大約十分鐘後，我們看到一輛對向的火車從山洞口出來，然後我們這邊的號誌轉綠，才輪到我們這個方向穿過隧道。

我們開入暗暗的隧道，空間狹小，只有一線道，眼前是馬路，鐵軌就在馬路上，我們也算開在鐵軌上，是一個很特殊的經驗。出了隧道，我們便來到惠蒂爾。

原本要去朱諾市的船班取消，所以臨時在惠蒂爾住兩晚。這次是投宿旅館。

我很少特別描寫過夜住的旅館，因爲對我們來說，這些地方就是睡覺的地方，重點在看山、看海、看野生動物，去找出自己與大自然的聯結。

但是在惠蒂爾這兩晚的住宿，我一定要特別描寫一下。

會選上這裡，純粹是訂房平臺只給我兩個選項，一個要價三百美金一晚，所以我們選了便宜的「冰川景觀公寓套房」（Glacier View Condo Suites）。這家價錢便宜，評價不高，但是對我們來說，經歷過大雨中溼淋淋的露營、煮飯、上廁所，再怎樣廉價的旅館，肯定都會比較舒適。

我們來到這棟十四層高、看起來像一般公寓的大樓時，非常納悶，首先，找不到有著冰川景觀公寓套房指示的入口。我們停車，找到大門進去，遇到一位先生，問他如何登記入住，他指著兩條街外的一棟建築說，「你們要先去那拿鑰匙。」

我們依照指示來到另一間旅館「阿拉斯加客棧」（Alaska Inn），走進樓下的餐廳，還是看不到長得像旅館櫃檯的地方。

「請問，我們訂了冰川景觀公寓套房，請問到哪裡登記入住？」Robert 問一個像服務生的小姐。

「就在這裡。」小姐說，她走回酒吧櫃檯，跟我確認名字後，從抽屜拿出鑰匙，「你們要回去那棟大樓，房間在十四樓。」

這眞是太特別了！

我們再回到之前的公寓大樓，這棟樓有非常多房間，長長的走道顯得老舊，沒有任何裝飾。從外面的窗戶看，很多房間像是有人住的樣子。沒時間去研究怎麼回事，先把行李搬上去再說。

我們打開房間，裡面比我想像的好太多了。有一個大客廳，兩張長沙發，旁邊有個廚房，微波爐、電爐臺、烤箱、冰箱、洗手檯俱全，也有個四人用的小餐桌。

此外，還有一張大大的雙人床，旁邊有衣櫥，對面浴室裡有浴缸。所有的設備不新，但是齊全，可以正常使用。因爲有廚房，我決定把冷凍的生魚都做成味噌魚，這樣要保存也比較容易。

等我們都安頓好，吃完晚餐，便坐下來好好研究一下這個叫「貝吉奇塔」（Begich Towers）的建築。

原來在二次世界大戰時，美軍在惠蒂爾建築鐵路跟港口，用來運輸燃油跟物資到阿拉斯加，這個港口一直到一九五〇年都還有美軍進駐。當時，人口有到一千兩百人。

這棟大樓原是設計規劃給美軍還有眷屬居住的，現在已經沒有軍隊進駐，便成了當地居民的住所，目前有百分之八十的惠蒂爾居民住在這棟大樓裡，而我們今晚住的套房也在大樓中擁有一些戶數，租給旅客。

我們在大樓中稍微走動一下，發現大樓除了一般住宅外，還有郵局、雜貨店、公證機關、教堂、洗衣間等，儼然是個自給自足的小型城市。

很多人不會喜歡這樣的「旅館」，不然評價不會那麼低。它的確不豪華不精緻，可是我們卻很喜歡，覺得有家的感覺，因爲它的設計就是普通的一房一廳格局，而且建築本身具有特色，滿牆的舊照片、文物，到處呈現二次大戰遺留下的痕跡，但同時又有新住戶的現代氣象。在建築中走動，有種穿越的感覺，不時在二戰跟現代之間來來去去，整個建築像是一個活的、還在進行的歷史。

Date: 9 月 4 日

Day 36 | 24 miles | Whittier

早上安排去看波地奇冰川，我們先開車來到自然中心，在這裡買了票，然後就在湖邊的港口跟著大家上船。這是一個很輕鬆的觀光客船導，大部分的遊客來自停靠岸的郵輪。

這船繞著湖一圈，我們站在甲板上，冷風吹著，遊客們懷抱來到新世界的放鬆與興奮，臉上都帶著笑容。

我們已經看過好多冰河，但是每個冰河都有它在山巒中形成的樣貌，怎麼都看不厭。

今天學到一個新的詞，船上的導覽小哥指著遠方的山上，「你們很幸運，看到『Termination Dust』。」

「那是什麼意思？」Robert 問，他也沒聽過這個詞。

「那是我們阿拉斯加人的特別用語，」導覽小哥笑笑說，「冬天山上會下雪，春夏融化了，整個山頭都是青綠色的，一直到夏季末，有一天山上下了第一場雪，這時就可以看到山頭有一層白白的積雪，我們叫它『Termination Dust』。看到這個就代表夏天要結束了，從這天開始，我們要準備冬天的來臨了。」

「畫堂晨起，來報雪花墜。」這句詩出自唐朝詩人李白寫的〈清平樂〉。早晨起來，有來人報告外頭雪花紛落。而阿拉斯加人則是遙望山頭，就可以看到大自然撒下冬天腳步的前影。

午餐後，我們去拜倫冰川步道（Byron Glacier Trail）健行，這是一個短程來回二・八英里的簡單步道。

這條山路沿著拜倫溪（Byron Creek）往上走，溪水潺潺，來自山上的冰河。冰河形成過程夾帶許多礦物質，所以在光線折射下呈現不同色階美麗的藍色，拜倫溪也因此帶著神祕的藍，帶著融化的冰河水，穿山越石，往大洋流去，永不回頭。

上上下下的緩坡並不難走，兩旁都是不同的矮草、灌木、樹林。今天下午太陽戰勝雲層，光點撒在白楊樹、赤楊樹上，葉子迎著光，在微風吹動下閃亮著，像是夾道歡迎的啦啦隊，振奮每個爬山人的心。

當樹林變得稀落，眼前視野開闊起來，我們看到拜倫冰川（Byron Glacier），冰河底端連著溪流的部分有個巨大冰洞，大小可以讓人進入，像是一個巨大的房間，裡面的冰頂天花板不斷有水滴降落，石頭地板高高低低，水流不斷。

周遭有非常多標示、遊客中心的警告，都一再勸阻遊客進入冰河洞，或是在冰河上方行走。外表看起來堅實、巨大、如山穩固的冰河，其實是在動的，是隨時可能崩落的。你走在冰上，看不到冰的厚度，看不到下方的洞。很多意外都是跌入深不可測的冰河洞，無法救援。

我們踩過溪水，來到大洞口附近照相。有些遊客走進洞穴探險，都不久留，一下子就出來了，但是我們還是謹遵警告，沒有進入。

登山步道到這邊結束，再過去就沒有人工維持的山路，如果要往前走，繼續攀爬，就是個人責任。

我們打算再往前走一小段。首先繞過大冰河洞口，附近其實還有很多不同大小形狀的冰河洞，可以看出這些冰河洞的頂部眞的很薄，踩上去絕對會馬上破碎、掉下去，我只敢過去拍拍照。冰河洞裡面景色非常絢麗迷人，陽光透過冰層，在冰上折射出不同的層次、色彩，是我們在沙漠加州絕對想像不出來的樣貌。

許多遊客很勇敢，從斜坡走上冰河，有大人有小孩，甚至還看到有人扛著滑雪用具上去，然後在冰河上滑雪。的確是很酷的經驗，不過我們還是在冰河外走動而已。

美國很多地方，山高水險，懸崖峭壁，雖有警告標示，但是不會禁山禁海，不讓人親近。如果受傷也是自己負責，沒聽過有人吵著國賠這種事。遊客們要有跟大自然相處的知識，自己決定可以走到哪，冒險到哪個階段。若想要深入探訪，自己要做足體能訓練，絕對要將意外納入考量。

不想冒險，那是個人的選擇，反之也不會覺得爲什麼國家政府不阻止他們。自己對自己負責，國家政府不需要像保母一樣隨時在身邊呵護著人民。

我們沿著山石往上攀登，自己判斷哪塊石頭可以應付，哪個落腳點可以承受。這裡的石頭很多像人那麼高，爬起來很不容易，跟自己的體力挑戰，跟自己的勇氣面對面，爲的就是再往上，期待山頭再過去有更不同的美景。

只是我的體力快速減弱，勇氣趕不上喘氣，每一個落腳都在顫抖。

「我不上去了。」在一個大石頭上坐下來，我對著 Robert 喊。

「好，那我再上去一點就回頭。」Robert 指著眼前的山石說。

沒多久，他回來了，給我看他拍的風景，上面看冰河的視野果然更好。不過我眞的沒力氣了。

下山的路慢慢走，輕鬆的回到車上。

趁著今天天氣好，我們走另一個步道：波地奇冰川小徑（Portage Glacier Pass），感受一下先人們在沒有鐵路沒有車子的幫助下，徒步翻越山嶺去進行貿易的路線。這條全程路線很長，但是我們只打算走到最頂端就好。這部分只有一英里，走起來不難，沒多久就來到頂端，從這裡可以眺望冰河的另一側，視野廣闊。一路上有不少遊客，算是很親民的路線。

現代人已經不需要這麼刻苦的以物易物，手機按一按，網購就寄到家裡，這條歷史古道只是讓人休閒登山，山沒變，但人的活動已經改變了。我們能走這麼一小部分，也是一種回味歷史的方式。

Date: 9 月 5 日

Day 37

6 miles

Ferry — Whittier → Juneau

早上起來，Robert 負責打包全部的行李和退房工作；我努力躺平，養精蓄銳，以迎接下午划皮艇的行程。

皮艇從港口出發，沿著海灣繞一圈。我跟 Robert 一艘，另外兩位遊客一艘，導遊一艘。這次我們用雙手抄槳划船，用不同的方式看景色。

海豹先出現，在我們四周游動、捕魚。鮭魚的洄游也引來海豹，我們很喜歡看海豹，牠們漂亮、活潑，帶著調皮的氣質。但是釣客們不喜歡，牠們有時候會坐享其成，叼走釣客的漁獲，讓人氣得牙癢癢的。話又說回來，人們去釣魚，不也等於搶了牠們的食物？

海灣非常的平靜，只有大船開過時才會撩起波紋，搖晃小船。我們雙手輪流高舉、下沉、推動，划啊划，在平靜的海面上划出一道道的水線。

我貪婪的欣賞海灣風景，尋找這幾天我們曾經拜訪的足跡。從海灣的角度往岸邊看去我才發現，我們住的旅館大樓後面的山上就有冰河。我們住在冰河之下。

在惠蒂爾停留三天實屬計畫之外，但是阿拉斯加是如此美好，我們對它充滿信心，知道但凡停留在任何一個城鎮，都有其特色讓我們流連忘返。普拉德霍灣的特色是熊，惠蒂爾的特色則是冰河，這是一個被冰河環繞的城市。在這三天裡，我們用開車、健行、海上皮艇、坐船導覽等四種方式去探訪冰河，感受那冰水的迷幻色彩、千萬造型。

在讚嘆冰河美麗的同時，我們也有著淡淡的哀傷，這些冰河正以非常快的速度融化中。氣候暖化用各種樣式警告著世人，冰河的規模也在它的催動下，越縮越小。很多現在可以到達的地點，在十年前可是被厚厚的冰河覆蓋著，現在只能遠遠仰望。

就像我開始旅行前寫下的，我們沒有無限的「以後」「下次」，除了人的壽命外，大自然也是有生命的，冰河是會變化的，再過幾年，只會越來越難以看到。冰河的消失不是預言，是眞實的發生中；未來，冰河的存在會變成神話，只能在照片中回味。

晚上十點的渡輪，但是我們很早就到港口，因爲之前的船班取消後，我們成了這一班次的候補。暑假時期，船票都早早賣完，我們當初能搶到班次已經是超幸運，結果這樣一取消，很多人也要上這班船，我們能不能排上，沒人說得準。

六點，我們人車都抵達渡輪站，詢問櫃檯，得到的答案是等待。我們人是有位置，難在車子。渡輪上給車子的空間有限，車子能上去，我們就沒問題了。

我們用渡輪站的微波爐熱一下食物，晚餐簡單應付，不敢離開。不久，有人給我們一個牌子，我們是六號，第六位候補——這數字聽起來就不妙。

這是個漫漫長夜，晚上十點，他們開始讓已購買該班次的乘客上船，不知道有沒有人臨時取消？有沒有人趕不過來？暗暗祈禱。

天色已暗，溫度驟降，船務人員疲憊的來回調度著，彼此間不時竊竊私語。

十點五十分，終於有人走向我們的車子。只是消息不太好，他來問我們說，假設今天上不了船，我們想退票，還是等下一班？下一班是兩週之後。他也提醒我們，上不了船的話，晚上十一點，隧道就會關閉，我們今晚只能留在島上！所以現在可以決定要等下去，等奇蹟，還是決定不等，趁隧道關閉前離開。他沒有明講，但是語氣聽起來，像是給了一個軟釘子：如果我們這些候補的放棄等待，工作人員就不用再費心如何把我們塞上船、如何找出空間給我們，他們也可以在這樣的雨夜中趕快回家休息。

我們非常無奈，如果選擇退票，接下來的回程都要用開車的了。最後那一線希望只剩下一個飄渺的點，像是外面的雨點，一點一點落在地上消失。

「現在怎麼辦？」我問。我上網查一下，貝吉奇塔今晚都是滿的，沒有空房了。

「再等一下好了，」Robert 看著窗外，「出不了隧道，我們就找地方露營。」

在淒冷雨夜中露營，我咬著牙，一點也不想要。

船、飛機、火車、公車……就是這樣，要配合他們給的行程，支付昂貴的費用，他們若取消，雖然可以退錢，但我們也要自己吸收不便。自己開車不僅比較自由，也少了依靠其他交通工具的焦慮。

頭痛，遇到這種事，頭更痛……我不想雨中露營啊！

十一點零三分，工作人員過來問每一輛車子的候補序號跟車子長度。「我們是第六位候補，車子十六英尺。」Robert 回答。他們在衡量停車的空間，看來這些工作人員也是很努力「喬」位置。

我聽到工作人員之間的對談，「候補四號，十六英尺；候補五號，二十三英尺；候補六號，十六英尺。」地勤人員說。

對講機嗶一聲，船上人員回答，「兩個十六英尺的可以，二十三英尺的不行！」

聽到這，我們又燃起一線希望。我們的長度可以塞進去，但是我們的序號在人家之後，他們會怎麼安排？

地勤人員離開後，我看幾個工作人員走來走去，低聲討論，我跟 Robert 則是緊張的看著他們。

他們對候補四號的車子揮揮手，四號發動車子，開向渡輪。

我們很開心，他們上去了，我們可以上去的機會就更大了。

又過了好一段時間（其實不過一分鐘），地勤人員對我們打手勢，要我們開動，上船！耶！這一刻實在太美了！我好想衝上去，給每個辛苦的工作人員大擁抱！我們終於排到了。

我們跟著隊伍，慢慢開上船。情緒從低落、失望、焦慮，轉換到放鬆、興奮、感激。極端的變化，全身都微微的顫抖著。

這次不是升降梯，而是可以直接開進底艙。我們的車跟四號的車就停在船艙口，用很勉強的角度擠進去，那個車身長二十三英尺長的候補五號的確進不來。

還好我們沒有放棄，等到最後。不用改變行程、不用退票、不用雨中露營。這份幸運之禮，實在太大了！非常謝謝所有的工作人員，他們在大半夜裡，在風雨裡，努力安排客人上船，確定一切順利，真的好辛苦。

我對著他們微笑，點頭致意，大聲說謝謝，眞的好開心啊！

這次我們訂的是兩人上下鋪。小小的房間，還是有洗手檯、毛巾、枕頭、毯子、暖氣，還有個小小圓圓的窗可以看到海，簡單、實用、舒適，是雨中露營的千萬倍好。

Date: 9 月 6 日

Day 38 | 0 miles | Ferry — Whittier → Juneau

早上起來，頭痛、喉嚨也痛，買了兩顆水煮蛋和葡萄當早餐，吃了兩顆止痛藥便去甲板上找 Robert。海風吹得我好舒服，通常這種海風吹沒多久我就會覺得冷了，這次被吹得通體舒暢，我可以肯定——我發燒了！過了不久，可能止痛藥發揮作用，頭沒那麼痛，精神也好些，我就坐在前面可以看海的室內休息區工作、寫作。

長途旅行，當然也會遇到生病的狀況，身體不舒服難免，但是我們也不會恐慌，身體有免疫細胞，持續睡好吃好，偶爾抱怨一下，之後都會痊癒的。

中午加熱味噌鮭魚跟洋蔥野菇，配上鮭魚卵、酪梨。最近吃鮭魚卵都很豪邁，我開玩笑的說，「我們的吃法好像不用錢一樣——等等，這些鮭魚卵本來就不用錢耶！」

Robert 笑著說，「是不用錢買，但是你也花很多時間力氣在處理，比用買的更珍貴。」

這是眞的，我完全不謙虛的領下讚美了。

今天整天在船上，我精神好些就會到休息區寫作，Robert 大多數的時間都在甲板上，觀察海上的鳥類、動物。晚上天色漸暗，他也回到船艙內，我們一起到休息區工作。我爲著《仙靈傳奇》的大結局而努力，他在翻譯《長生石的守護者》。

Date: 9 月 7 日

Day 39
60 miles
Juneau

早上醒來時，發現渡輪已經靠近岸邊，航行在列島之中，四周風景好美。太陽已經升到海平面上，從雲上灑下金亮光芒，海面上都閃著亮晃晃的波浪。

渡輪中午抵達，順利來到朱諾市，真的特別開心跟感謝。

朱諾市是阿拉斯加的首府，當初是淘金熱的重鎮，擁有全世界第一大金礦。這個城市位在阿拉斯加跟加拿大育空的邊界附近，是另一個「大陸島」，也就是沒有公路或鐵路可以到這個城市，不是要坐船，就是坐飛機才能到達。

中午在一個戶外的小吃攤點塔可餅解決午餐，這裡在市區的熱鬧街上。這個港口不是我們今天停靠的港口，而是豪華郵輪停泊的港口，我數了一下，今天有五艘郵輪在岸邊，所以路上的遊客非常多。

好久沒看到這麼多遊客，有點不習慣，在蘇厄德跟荷馬有不少觀光客，但是沒這麼誇張。普拉德霍灣、惠蒂爾的遊客就很少，從街上有沒有禮品店就可以看得出觀光客的數量。朱諾市的這條街上滿滿的禮品店，珠寶首飾店，人來人往，摩肩擦踵，很有臺灣夜市的熱鬧氣氛。

吃完中餐，我們也在街上逛逛禮品店，我非常愛看動物的皮毛、骨骼，還有刀子。然後也跟一般觀光客一樣，去買了冰淇淋，巧克力口味，今天天氣攝氏十五度，溫暖有日照，非常適合吃冰淇淋。

回車上後，我們先去找營地，接下來的三天打算露營。

我上網去找，看到曼登霍露營區（Mendenhall Campground），網路評價不錯，有人說，有的營點還可以看到冰河。我們打算碰碰運氣，看看沒有事先預約，還能不能分配到有景觀的營點？

來到這個營區，發現它的範圍很大，而且沒什麼人。沒在趕時間，我們一個營點、一個營點的找，來到九號，我馬上就愛上了——車子一開進營點，眼前是一片樹林，樹林後可以隱約看到湖水，湖的對岸就是冰河！

我很快的跳下車，穿過樹林，走下小徑，沒有樹林遮蔽，一大片的湖水在眼前展開，煙深水闊，對岸的冰河，湛藍的聳立，幾塊冰塊在水面上漂浮，靜謐又夢幻！

「就是這裡，我要九號！」我興奮的對著 Robert 大喊。他馬上上網訂了三天，這樣的美景，有廁所、浴室也有水，三天才三十美金！

Robert 架好帳篷，我們在附近散步，一整個營區都沒什麼人，跟上午城區的遊客相比，這裡原始祥和，我的心也跟著寧靜了起來。

我們沿著湖岸走，左邊湖水連著冰河，右手邊是森林，溫帶雨林氣候讓這些樹木生得高大、繁密。北方的太陽在夏天顯得嬌弱，經過層層的樹葉過濾，落到地上也只剩稀落的光影，完全滿足蕈類對陽光那點不多的渴望。加上潮溼多雨的氣候，滋養著菌絲體，讓它茁壯，長出子實體，也就是我們看到的菇。

在木製的野餐桌邊長了一圈豔橘黃的深褐折菌（Conifer Mazegill〔*Gloeophyllum Sepi-arium*〕），摸起來粗粗硬硬的，看來這裡真的很少人來，野蕈類也進駐人工建設。

我戲稱「血滴子」的是佩氏亞齒菌（Red-juice Tooth〔*Hydnellum Peckii*〕），乳白色的子實體上面滲出一點一點鮮紅如血色的透明液體，帶著詭異的美，吸引目光，卻又令人又忍不住起雞皮疙瘩。

在如地毯厚的苔蘚青葉間，藏著許多不同種的紅菇屬，有輕淺如春的淡紫色，有豔豔如農曆年的大紅，有情人節玫瑰的粉紅。看來已經長出多時，脆弱的菇體已經無法抵抗自然的消耗，大多已經斷裂破折。

珊瑚菌屬（Clavaria）則完全沒有我們認知傘狀的外型，子實體是細緻的枝幹狀，彷彿海底的珊瑚爬上了深山，在這裡成了精靈。

還有好多好多的蕈類，我來不及學會辨識，只能存下影像，日後慢慢學習。

Date: 9 月 8 日

Day 40

59 miles

Juneau

今天去看曼登霍冰川（Mendenhall Glacier），從遊客中心後方就可以看到，這裡都是郵輪下來的遊客，吱吱喳喳的談話，穿著也時髦。遊客中心旁有一條健行路線，來回約兩英里，通往掘金瀑布（Nugget Falls）。我們從營區就可以看到冰河跟瀑布，覺得這小小的瀑布有什麼好看，結果來到水邊才發現，這瀑布水勢很大，高度有一百一十五公尺，直衝著石壁而下，氣勢雄壯。

我們在瀑布旁待了一段時間，遊客匆匆來去，他們有郵輪行程的限制，我們沒有。此時雲霧又起，冰河在眼前模糊又神祕。瀑布落下的湖區連著後面的冰河，所以也可以看到冰河的冰塊漂到這裡來，彷彿跟霧氣玩捉迷藏，也是忽隱忽現。瀑布聲勢浩大，傾洩翻滾時有如浪濤，我們穿著雨衣，人可以走到石壁邊，甚至可以往上攀石一小段，人與瀑布零距離。

回營區之後，整天下雨，高溼度也讓體感溫度降低不少。

像今天早上，我比較早醒來，轉頭過去看Robert，他全身在睡袋裡就算了，他冷到包住整個頭臉，像尊木乃伊一樣。

溫度一樣是攝氏十度左右，但是非常非常的溼冷，溼冷水氣包覆全身，讓人無所逃脫。尤其我們是野外露營，沒有飯店的暖氣，整晚都在這樣的大氣中，相當難以忍受。

這讓我回憶起小時候在臺灣的冬天。臺灣四季如春，但是寒流來時，那個溼冷是非常難受的。

那個年代，大部分人家裡沒有暖氣，往往冷到在家裡要穿大衣，戴手套圍巾。上廁所脫掉褲子，把暖和的屁股肉貼上冰冷的塑膠馬桶座上，那真的是會凍得人呲牙裂嘴。但想上廁所生理需求，驅使人鼓起勇氣，克服對冰冷屁股的恐懼。

洗澡更不用說了，在溼冷的空氣中脫光衣服，需要的不是勇氣，是媽媽的催促跟臉色——看你比較怕被罵還是比較怕冷。

這次在朱諾市露營，整天陰雨，喚醒了同樣的記憶。營區有廁所、有淋浴間，但是沒有暖氣，水泥建築物內外的溫度溼度一樣，冰冷到讓人想逃。

Robert 知道我的焦慮，二話不說，去 Costco 買了一臺以丙烷（Propane）作爲燃料的暖氣爐。

我把暖氣帶進淋浴間，點著了火，熱氣散出，空氣中像刀冷冽一般的刺痛慢慢消融，熱氣帶來了勇氣，我退去衣物，讓皮膚放鬆，讓筋骨柔軟。熱水嘩啦啦的下沖，我從容的洗頭洗澡。沒有飯店的豪華舒適，但是一樣自在。

我跟 Robert 有共同的嗜好，很多事情都容易溝通，唯一難以取得共識的就是對溫度的感覺。

「好冷，我要開暖氣。」我發抖著說。

「暖氣好燥熱，很不舒服，我要關暖氣！」他「阿雜」的皺眉。尤其開車的時候，太熱會讓他昏昏欲睡，爲了行車安全，我只好車上都備著毯子。

他老是笑我「舒適溫度」的範圍很小，溫度高點就嫌太熱，溫度降點就喊太冷。沒辦法，我就是臺灣來的嬌嬌女啊！如果他今天是一個人旅行，我肯定他是不會去買暖氣爐的。但是爲了讓我舒適（閉嘴），讓我願意繼續跟他旅行，他也會找出妥協的方式。

不管是旅行還是人生，人與人相處，想要一直一起走下去，就是不斷的你來我往，互相協調、互相同理。

Date: 9 月 9 日

Day 41 | 109 miles | Juneau

昨晚下了一整夜的大雨，早上起來還有細雨飄飄，想說趁雨不大，精神好，把野菇煮一煮。營地旁的草地上都是野菇，有許多有毒的，也有許多可食用的。這是大地給我們的養分，我們取需要的分量，不浪費，沒有包裝，跟這個世界和平相處。

之後的一整天也都是大雨。沒有特定的行程，我們去道格拉斯島（Douglas Island）晃晃，在島上餐廳吃中餐。下午去一個連路島，參觀一座古教堂，再開車到老鷹海灘（Eagle Beach），這附近溪流的粉紅鮭魚產完卵，完成生命的傳承，一一死去。

八月初第一次看到鮭魚洄游，充滿生命力，逆流而上，滿溪鑽動的鮭魚，非常壯觀。一路旅行到現在九月中，看到的卻是整片溪流的翻肚鮭魚，有的嘴巴一張一合，勉強喘著氣，有的已經動也不動的擱淺在石頭邊，有的眼睛被鳥啄去，只剩黑黑的深洞。我們見證了整個過程，看到大自然的生命奇蹟，而明年春天，將有更多的鮭魚寶寶孵出，再度走這一趟生命之旅。

傍晚回市區，在超市買了一些必需品後到星巴克工作，順便使用他們的網路。山上營區沒有網路，偶爾也是要回到凡間，點一下人間煙火。

從臉書上發現，原來今天是中秋節。沒有月餅，沒有柚子，沒有烤肉，只有溼冷的天氣，雲層散了又聚，難以捉摸，今晚恐怕難看到月亮。

星巴克打烊了，我們離開暖和的店家，回到營區，此時居然沒雨。Robert 車子一停，我就朝著湖邊走去，想尋一點月亮的蹤影。

走出林子，天邊開闊，向東望去，有著清冽的光芒。我努力在雲層中找著，飽滿的月亮出現了。我看到中秋月了！但是不過幾分鐘，又閃不過雲層的移動速度，結實的被擋在後面，只在雲上映出一些流光。一陣風起，雲又動了起來，月亮露出半邊臉，但也足夠照亮幽暗森林，在湖上留下月雲光影。

兩人並肩靜靜的看著月亮在雲上的變化。在這個曠野森林中，天地如家人，和我們一起過中秋。

Date: 9 月 10 日

Day 42 | 43 miles | Juneau → Skagway

今天拔營，晚上要坐渡輪到下一個城市：史凱威（Skagway）。雨中搭帳篷不容易，雨中收帳也不容易，要確保沒有水流入帳內，這裡溼度大，帳篷很容易發霉的。

這個營地很美，有湖、有蕈、有山、有冰河視野，眞捨不得離開，我再到湖邊走一圈，貪婪的多望一眼，這才開車離開，前往一個鮭魚養護中心。

阿拉斯加是全世界最大的野生鮭魚生產地。如果說，從普拉德霍灣運送出來的石油是路上的經濟動脈，繁盛了阿拉斯加的經濟，那每年鮭魚洄游游進阿拉斯加，就像海上動脈，鼓動著血液流過全身血脈，給了這片土地的人們循環不息的養分。

在一九四〇到一九五九年間過度的捕撈，使得鮭魚數量急速下降，之後政府接管，整州都有生物學家監管鮭魚的數量與生命。如果有任何疑慮，他們有權禁止漁人的鮭魚捕獲行動。鮭魚的數量得到控制，在美國其他州的鮭魚數量減少，甚至滅絕的情況下，阿拉斯加的鮭魚得到繁榮增加。

DIPAC（Douglas Island Pink and Chum）成立於一九七六年，是由朱諾當地居民一起合作組成的私人非營利機構。他們在州政府的准許下，在阿拉斯加成立數個鮭魚養護中心，我們去的就是其中之一的麥考利鮭魚養護中心（Macaulay Salmon Hatchery）。

這個鮭魚養護中心致力於恢復當地的野生鮭魚數量。在中心裡，他們把上百萬顆受精的鮭魚卵放在淡水池中讓牠們孵化，等小鮭魚長大後，再野放至大海，讓牠們跟其他的鮭魚一樣面臨考驗，可能被吃掉，也可能存活、長大。

三、五年後，這些在養護中心孵化的鮭魚，會依循著體內基因內建對出生地的記憶，洄游到養護中心產卵。

在這裡，他們建造了階梯式的魚槽，引淡水從最上面的魚槽一格一格流沖到海裡，模擬強勁的溪流從山上而下。鮭魚們就會逆水而上，一格一格回到大水池中產卵。

DIPAC的目標是生產出的魚群中，把其中百分之七十提供給當地的生態、漁民，另外百分之三十的漁獲獲利則是用來平衡整個設備與公司的運作。

我們去的時候，遊客中心的部分沒有開放，很可惜無法入內參觀，但是我們可以看到戶外的大水池，還有連著海的一格格階梯式的魚槽。裡面果然有好多鮭魚逆著水上游。這裡主要有四種鮭魚：白鮭、銀鮭、帝王鮭和紅鉤吻鮭（Sockeye Salmon）。除了鮭魚外，我們意外看到其他有趣的動物。

鮭魚的出現，除了引來熊外，在海洋中會引來海獅、海豹。牠們也是以鮭魚為食的動物。我們在那裡就看到五隻海豹出現，三隻在海中，伺機捕捉游過去的大鮭魚。兩隻更機巧，直接跳進魚槽裡，甕中捉鱉。現場就看到海豹抓到鮭魚，把鮭魚拋到空中、接住、撕咬，再拋高的過程。牠們絲滑的皮膚在海面上閃著亮光，水上水下，靈活無比。

站在水泥魚槽邊上的是一群海鷗。牠們沒有強而有力的嘴顎可以捕捉大魚，但是牠們絕不會放棄任何一個從海豹嘴裡噴出的魚肉碎末。海鷗緊盯著海豹跟鮭魚的爭鬥，牠們大聲叫呼，彼此爭相搶食——我們看到一個真真實實的食物鏈。

晚上，排隊等上船。今晚是最後一程渡輪，房間是雙人上下鋪，還有浴室廁所，但是沒有對外窗。海上漆黑一片，我們在穩定的航行中入睡。

Date: 9 月 11 日

Day 43 | 20 miles | Skagway

早上五點半，渡輪到達史凱威，我們開車下船，整個小鎮還在沉睡中，安安靜靜，路上一個人也沒有。空氣帶著溼氣、冷意，寧靜的街道像是孤傲冷冽的鬱金香，清麗脫俗。

在朱諾市的寒冷山上露營的三天，本來計劃在這個小鎮住旅館一晚，好好洗澡，洗衣服，休息。只是好不容易找到一家早上有開門的當地旅館，他們說，夏天的旺季要過去了，旅館已經不供客人預訂，不過今天有一房，兩百八十美金。這在阿拉斯加不算高價，但是我想想，又忽然不想住了，看來這裡天氣不錯，那就再露營一晚吧！

趁著早上精神好，我們去走齊爾庫步道（Chilkoot Trail）。這條有名的歷史步道從史凱威的戴伊（Dyea）

地區開始，走到加拿大卑詩省的班尼特湖（Bennett Lake），全程約三十三英里。在古時候，這是一條貨品交換買賣的商路，原住民從太平洋內灣徒步越過山谷到加拿大育空河（Yukon River），跟當地人交易。冰河移動所挖出來的山谷是他們的最佳路線，也是一條少數整年都可以通行的交易步道。

淘金熱也促成這條路的榮景，許多人帶著家人、工具，走上這條山路，沿著步道，遺留下來許多當年金礦工人生活的痕跡，有鏟子、機器、鍋碗瓢盆，現在還都留在原地，成了世界上最長的一間戶外歷史博物館。

我們從登山入口開始走，當然不打算走完全程，那是需要準備非常多體力與物資才能完成的。

這是現在登山者很熱門的步道，每年都有上萬人次造訪，我們一路上也遇到許多登山客。看他們的裝備，估計也是跟我們一樣，只打算走到體力可行，當天來回的路程。

步道沿著溪流上升，坡度很大，路面很原始，整個融進山裡，樹木林立，矮草叢生，大石散落。

我們行進得很慢，Robert 望天找鳥，我看地找野菇。這裡出現的野菇密度很高，每一步看去都是各色的蕈類。

我第一次看到綠色的紅菇屬，那種帶青的綠色顯眼又特別，很少菇是綠色的，不確定能不能食用，讓它留在原地。

平截棒瑚菌是鮮豔的黃色，長得像十五公分長的棒球棍，在草地上直直矗立，很是可愛。這種野菇帶著甜味，義大利人會用來做甜點。我也選了一些鮮嫩的帶走。

毒蠅傘（*Amanita Muscaria*，或稱毒蠅鵝膏菌 Fly Amanita），永遠是最耀眼的毒菇。鮮紅色的傘面，上面綴滿鵝白色凸出的斑點，散落在草地間，豔麗奪目，彷彿走進愛麗絲的夢境裡，一朵朵在眼前迷幻閃耀。

在橫倒的枯樹上，看到一團幾乎帶著螢光的白色蕈類，整體約籃球那麼大，一枝枝像樹枝般輻射狀態長出。山上沒有訊號，無法上網查看是什麼種類。我指給 Robert 看，他也爲它的美麗而驚嘆。

山路陡峭，每一步都必須用盡氣力，而且一路都是上上下下的。我們再度越過一個山丘，下降到河邊，在橋上坐下來吃中餐，燻鮭魚、乾糧餅、葡萄、起司。雖然一路都有登山客，但是駐足的人不多，大部分的時間只有我們兩人在山林裡。

從這裡，我們再往上走去，我很想看到那些淘金客遺留下來的歷史器物，但是我知道我們無法走那麼遠，而且還得預留下山的氣力，所以折返回頭。前後走了五小時，三．五英里。

我們開車到 Tidal Flat Campground 露營時，我好累，在車上睡著了。Robert 架好車頂帳篷後，我轉醒，煮晚餐，把今天找到的可食野菇都煮了，同時也上網、看書，比對照片。原來看到的螢光白色菌菇是珊瑚狀猴頭菇（*Hericium Coralloides*），是一般常見的猴頭菇的近親，不僅可以吃，還非常美味！

「我們明天再去。」Robert 聽了好興奮。

我白了他一眼，雖然路程不長，但是上上下下的陡坡，走得非常辛苦。

「這麼難得的機會，一定要再去採。」Robert 努力的慫恿我。

我嘴裡嫌棄，但是偷偷被打動，心中決定如果天氣好就去，下雨就不去，那個山路的路況太難在雨中行走了。

Date: 9 月 12 日

Day 44

127 miles

Skagway → Whitehorse

早上醒來，天氣晴朗，我覺得再去一趟採摘野菇是可行的。看了看昨天的紀錄，我們從登山口到珊瑚狀猴頭菇那兒走了兩個小時，所以來回四個小時。有了經驗，今天應該可以走快些，或許三個小時可以完成。

我做好心理建設，覺得可以上路了。結果我問Robert今天是不是要再去健行？他臉皺起來，搖搖頭，「算了，不要好了。」

什麼？怎麼忽然兩人沒默契了？他想要去的時候我還沒有打算，等我準備好，他卻不想去了。

「怎麼，你想再去嗎？」Robert問。

「想啊。」我脫口而出。

「好！那我們去。」Robert滿臉雀躍。

「眞的嗎？你確定嗎？」我有點不安，不想成爲強迫他人的人。

「當然！昨天不就是我一直說要再回去的？」Robert再三保證的說。

就這樣，我們再度上路，走同一條步道，爲了一個菇。眞是任性。

這次我們不再爲每個看到的蕈類停下來拍照，但是經過一個晚上，也有不少新冒出來的蕈類跟我們初相見。我喜歡新菇的模樣，帶著怯怯的嬌嫩，常常頭頂上還帶著一抹溼土，探頭探腦的模樣，很是可愛。

跟昨天相比，身體有了記憶，這條步道一樣高低起伏，陡坡上上下下不斷，但是走起來有心理準備，顯得好駕馭許多。

終於，在一小時二十五分鐘後，我們找到這些珊瑚狀猴頭菇。

它們跟昨天看到的一樣，潔白樹枝狀的蕈體從乾死的樹幹上長出來，仔細看每一個分支，都有一排細細的細枝，長著像下垂的冰柱。這次知道它們無毒可食，我更加靠近樹幹細看，這時我發現，不僅有四叢猴頭菇，附近還有很多，這裡一叢，那裡一堆，總共將近十堆。有好幾處的蕈株已經死亡，日子一天天接近冬天，這些蕈類也慢慢結束生命。在沒有死亡的蕈株中，我選了一叢都是白色，沒有褐色的蕈株。年輕新鮮的蕈體是純白色的，變黃變褐色就是開始老化了。我用刀子小心的切下來，放在事先準備好的盒子裡。遠看不怎麼多，沒想到取下來時發現比想像中的大，好壯觀。

「這趟健行太值得了。」Robert 滿心歡喜的說。

我們不再往前走，拿到菇就轉身回去。

在一個森林轉角，Robert 看到鳥的蹤跡，他停下來專心的用望遠鏡看，我不想看鳥，所以小心安靜的繞過他，繼續往前走。

我慢慢往下坡走了好一陣子，保持耐心的等待他跟上，忽然聽到他大聲呼叫我的名字，帶著焦慮。我趕忙回應，然後想到，他是不是跌倒了？滑下山了？我焦急轉身，往上坡奔去。

「Robert！」我對他大喊。

「在這裡。」他的聲音比較平和，「你去哪？我找不到你，嚇死了。我叫你，你都沒有回應。」

原來，他專心找鳥，完全沒感覺到我越過他往前走，他以爲我還在附近，對著上坡喊，我在下坡處，剛開始沒聽到，他很害怕我是不是找野菇不小心掉下山了。

「嚇死我了，我一直在想，找不到你怎麼辦，手機又不通，我要離開這，開車下山找救援嗎？可是我怎麼能把你放在這自己離開？」他驚魂未定的說，看來眞的嚇到了。

「我們以後爬山一定要帶無線對講機。」我說。我們有一組，非常好用，這趟旅行也常常用到，這次登山不知道爲什麼沒帶在身邊，大失誤。

他一路握著我的手，那種以爲我出事的感覺嚇壞了他。山林之間，難以預料，無數生命在林中生死，雖是自然的一部分，遇到了也會接受，但是平平安安，就是感恩。

中午在海港吃中餐，來到城鎮中心還有一個重要的原因，接下來我們就要離開阿拉斯加，進入加拿大。我們必須上網填寫新冠病毒疫苗表格，這趟旅行，尤其是山上郊外露營區，很多地方沒有網路，所以我們每露營幾天後就住旅館，一來比較舒適，二來需要網路來下載地圖、查氣候、找景點，也是固定保持對外聯絡，不讓出版社找不到我。

我們來到圖書館，美國很多圖書館有提供免費的 Wi-Fi，處理好需要的工作後，來到一個海港餐廳吃海產。

中餐後，我們開車經過史凱威最熱鬧的大街，此時郵輪靠岸，放人下船，遊客把這裡當成迪士尼了，每個人隨意的行走，男男女女，衣冠楚楚，緩慢經過，有種看到慢動作重播的錯覺。他們還隨時在馬路上停下拍照，我們車子經過，緊張兮兮的停下來，迎接他們抱怨的眼神，因爲我們破壞了他們照相的角度。而他們大聲喧譁的功力讓我懷疑我的車窗是開著的（並沒有），整個城鎮從昨天清晨的孤冷鬱金香，變成俗豔的塑膠花。

中餐後開車北走，克朗代克公路（Klondike Highway）帶著我們，往加拿大奔去，這是最後一段在阿拉斯加行走的路，這個孤遠又神祕的州開闊了我們的視野，即使是最後這一段公路，也是壯闊蒼翠，美麗繁複，述說著許多的歷史故事。

這條路傍著山走，兩邊都是高聳的山勢，中間的低谷有河流穿過。可以看到對面山腰上的鐵道跟我們平行。這一段路是有名的「懷特山口」（White Pass）。

昨天跟今天走的齊爾庫步道，與這條懷特山口步道（White Pass Trail）都是淘金客要去克朗代克（Klondike）挖金礦的路。前者經過海拔比較高的山勢，後者路徑比較長，但是經過海拔比較低的山谷，兩條路最終都會到加拿大的班尼特湖。

兩條路線哪條好走？歷史學家作者，瑪莎．麥卡雲（Martha Ferguson McKeown）在一九四八年《那條通向北方的步道》（暫譯，*The Trail Lead North: Mont Hawthorne's Story*）一書中說：「沒有可選的！一條通往地獄，一條通往詛咒。」（There ain't no choice, one's hell and the other damnation.）

兩條都是艱難的路。

一八八七年一名叫凱斯的原住民領著歐洲來的拓荒者威廉．摩爾（William Moore），走這條從史凱威到班尼特湖的交易路線，拓荒者當然不是來這裡散步賞風景的，所有的探險基因只有一個方向——淘金。

他們不負期望的找到克朗代克的金礦。摩爾在此路線上修建步道，一八九七年七月，宣告步道完成。

許多淘金者選擇了這條低海拔的路線，期望一路順風，但是他們低估了——這條路線當初設計只能讓輕裝的馬匹、有經驗的人們經過，淘金熱帶來過多的貪婪，也帶來過多的人和馬匹。一八九七年冬天，他們在山谷遇上風雪，惡劣的天氣阻斷了路線，一路都是爛泥，無法通過。過度輕忽導致人牲都缺糧缺水，記載上寫有些馬匹被迫在風雪泥濘中站立，超過兩個星期沒有飲食。因爲恐慌，牲畜衝撞，馬匹死於飢餓，死於射殺，死於踐踏。有超過三千隻馬匹橫死在這條路上。

傑克・倫敦（Jack London）描寫到：「在第一道霜落下時，馬匹們像成堆的蚊子一般在史凱威到班尼特湖的路上腐爛死亡，屍體層疊。」

之後隨著城市的人口增加，貨物運輸的需求增加，鐵路在一九〇〇年完成。因應現代化公路交通的需求，一九七四年開始建設公路，一九七九年公路完工，也就是我們正在開的克朗代克公路。

懷特山口步道已成歷史，氣候的變化，河水的改道，大自然很輕易的抹去人的痕跡，國家公園處不希望遊客去探訪，除了安全的考量外，他們希望這條步道帶著歷史的軌跡，繼續保持著自然風貌。

我們在這條路上停下數次，眺望山下的深谷，遙想當年先驅者們的艱苦，感恩他們的冒險，沒有這些歷史故事，就沒有今天這條美麗的公路。

萬般不捨，還是要開車跨越加拿大海關，正式告別阿拉斯加。

我們再度來到白馬市，這是這一路上我很喜歡的城市之一。我們決定在這裡待兩個晚上，彷彿多一些停留，阿拉斯加才不會那麼快離我們遠去。

晚上在民宿的廚房料理珊瑚狀猴頭菇。這趟旅程我的料理手法都很簡單快速，用油煎，撒上鹽跟胡椒粉。一來，因爲沒有別的調味料；二來，沒有太多的調味，才能吃出最原始最直接的味道。我輕鬆的煎了一下，兩人迫不及待的吃了起來。果然如書上所描述的，珊瑚狀猴頭菇的味道非常鮮美，口感也非常的獨特，有一點脆，有一點Q，甜味在舌尖流轉，眞的非常非常好吃——是這趟旅行中，我最喜歡的野菇！

Date: 9 月 13 日

Day 45

73 miles

Whitehorse

午餐吃過香腸後，我們開半小時車子去「日蝕北歐溫泉」（Eclipse Nordic Hot Springs）。這是個私人經營的溫泉，很像臺灣的設備，一人二十九加幣，如果需要毛巾、浴袍可以另外租借。我們自己帶了毛巾，省了一點點錢。

目前有四個池開放，還有其他工程增建中。四個池的水溫都不同，我們都去嘗試，很放鬆舒服。泡完後有浴室可以洗澡，也有吹風機可以使用，非常豪華。

泡完溫泉後，我們去書店買書、買巧克力，回住宿的地方。

有了網路，就會接到一些工作上的訊息，現在科技方便，出遠門也可以遠端工作。Robert 說要去附近找鳥，我還有幾項工作要做，所以這次就不跟了。

正當我完成得差不多，想說來洗個澡，便接到 Robert 的電話。

「你要不要來駕駛帆船？我在一個湖邊，遇到三個人，他們是帆船協會的人，說可以帶我們出航。」

「好啊！怎麼這麼好？他們願意等我？」好特別啊。

「我等下再跟你說，我現在來接你！」Robert 匆匆切斷電話。我也跳起來更衣。

「我在湖邊遇到三個年輕人，他們是帆船協會的人，每個星期二有推廣的活動，可以載人出湖揚帆。我問他們是當地居民才可以參與的嗎？他們說任何人都可以，如果我想要，馬上就可以帶我去。我告訴他們要先載你，他們願意等。」Robert 解釋。

「要多少錢？」我問。

「一個人二十加幣，這是付保險的錢。」Robert 說。哇！好便宜啊，這趟旅行我已經很習慣意料之外的行程，有人帶你去這去那的，體驗特別的活動，而且都得乖乖付錢不能抱怨。

我們穿上救生衣，他們合力把一艘小帆船推入湖中，然後讓我們坐上去。Ben是帶我們駕駛帆船的人。

「你等下控制右邊那條繩子，Robert控制左邊的繩子，我在後面控制方向。」Ben說。什麼！我以爲我是上來坐船兜風的，想不到我也要出力。哎呀呀。

小帆船駛進湖心，看起來平靜的湖面，風還挺強的。

「郁如，現在你把繩子拉緊。」Ben說。

我拉了一下，風帆張開了，船向前駛去。

「我們是整個育空領地中唯一的帆船組織，每年暑假我們會安排讓學生參加的夏令營，讓孩子有學習駕帆的機會；每個星期二也會有志工在這裡，給有興趣的人試試看。我們只收點保險費用。」Ben說。

原來他們是一群對帆船有興趣的人，這樣不遺餘力的推廣這個戶外活動，不是爲了賺錢，完全就是一番熱血，希望可以介紹給更多的人。

小帆船除了跟著波浪晃動，向前行駛外，忽然整艘船向右傾斜，我滑向右邊，嚇得叫出聲音。

「放心，我不會讓船翻了。」Ben 輕鬆的說。「你再把繩子拉滿。」

整艘船向一邊傾斜四十五度，我整個人滑了過去，且船身因爲貼近水面，濺起水花片片——我覺得要整個翻過去了！同時我還要聽著指示，控制繩子的緊度……對我來說實在很艱難。

船駛過湖心，朝對岸而去，風景眞是無敵美。

「準備好，我要轉向，郁如可以把繩子放開，Robert 現在要控制繩子了。小心頭。」Ben 說。

桅桿從我的頭上掃過去。大女兒 Victoria 在大學時有去學駕駛帆船，她說他們叫這根桅桿「boom」，因爲每個人的頭都被打到過。聽起來很好笑，可是如果自己的頭被打到就不好笑了。

本來以爲，這次回到出發的岸邊就結束了，沒想到 Ben 問我會不會冷，我說不會，他說好，那再轉向一次。

就這樣，我們在湖中來回轉好幾次，慢慢的，我不再害怕船身傾斜了。甚至後來，船身傾斜時，爲了平衡，我跟 Robert 輪流坐上兩側的船沿。這步驟眞的是挑戰我的勇氣，我要在小船中站起來，然後坐在船沿上，船向左傾斜時，我的上半身要往右傾，整個懸在船外側，把船平衡過來。

第一次時，我只敢微微的傾斜，「再往後些，再往後仰，」Robert 興奮的大喊，「不然我們的船要翻過去了。」

啊！不要啊！

不過人的身體很奇妙，學習得很快。知道沒有危險，不會翻過去，幾次之後，我也可以感到風的來勢，做好準備傾斜身體。

另外一位成員開了一艘小艇靠過來，「要不要我幫你們拍照？」怎麼服務這麼好！Robert 把手機遞給他，他開著小艇在我們身邊繞，拍了好多照片。

湖面風大，我開始慢慢覺得冷了，Ben 問要不要再一趟？不過如果太冷就回去吧，言下之意他是很樂意多來回幾趟的。不過真的冷了，也不好意思耽擱人家這麼多時間，今天這樣的帆船體驗，眞的是意外驚喜。

回到住宿小屋，我們熱了之前煎好的魚當晚餐，洗個熱熱的澡讓身體暖起來，睡個好覺。

這次住在類似民宿的地方，內部格局像是一般的住家，有客廳、起居室、廚房、浴室、洗衣房，這些是公用的。然後就是旅客的房間，裡面有床有衣櫥。這是這趟旅行中第二次遇到這種型態的住宿，另一次在阿拉斯加。這兩次還有個共同的特色——屋主經營採取的是信任機制。

訂房後，他們會送一封長長的簡訊，告訴你規則。首先是大門的密碼鎖的號碼，然後進去後要脫鞋，房間在哪一層樓，號碼是多少，房間的鑰匙就插在房間門把上。通常我們到達時，房間的門是開著的。

廚房的鍋碗瓢盆、食物、調味品都可以自由取用，我不知道規定如何，但是我們都會使用完後清洗乾淨、歸位。

退房時，只要把鑰匙插回房間門上就可以離開，這整個過程不會見到屋主。你有什麼需要（像是找不到毛巾之類的）用簡訊溝通就可以了。

訂房的客人也都會遵守規定，晚上十點到早上七點是安靜時間，不會有人看電視喧譁，大家都會脫鞋進屋，保持公用浴室的乾淨。不會有人擅自使用不是自己的房間，或者惡意拿光廚房提供的食品、拿走客廳的電腦，或帶走鍋碗瓢盆、漂亮杯子。

我們去過很多的露營營區也是採用信任機制。遊客先去選要幾號的營點，然後在入口處填個小信封，寫上要紮營哪幾天，再把現金或支票放入小信封，投入箱裡就好。

我喜歡這樣的信任機制。很多時候，人與人之間的空間距離減少，但是情分卻更疏遠。就是會有人想盡辦法占別人便宜，用盡心思要多挖些資源，只好用層層的限制監視來防備。大家都戴上防衛的盔甲過生活，處處小心著、提防著。雞犬相聞、夜不閉戶的時代已經過去了。

所以可以在這些地方經歷這樣信任制度的住宿方式，看到大家自然的互相尊重，心裡覺得很溫暖，對人性的美好很是感動。

Date: 9 月 14 日

Day 46 | 288 miles | Whitehorse → Junction 37

早上先去洗衣服、買水果。這攤的水果上次來時有「交關」過，攤子的東西品質很好，這次買了這季新送上來的蘋果，還有橘子、藍莓、葡萄。老闆說，再過幾天，他的販賣季節就要結束了，要等到明年夏天才會再回來，我們是最後一批顧客。許多店家的老闆告訴我們，他們冬天的時候會離開阿拉斯加，到南方過冬。

旅行到這個時候，已經進入我們這次阿拉斯加行的尾聲，也是這裡熱門季節的尾聲，很多商店、旅館已經悄悄的掩上門，不收客人了。

晚上，在一個月前的「休息站」Junction 37野營。當時停下來熱粽子，這次我們打算過一晚。來到同樣的地方，一次是去阿拉斯加的路上，現在是回家的路上。

從加州開往阿拉斯加，隨著路線朝西北走，緯度日日增高，情緒也跟著往上走，那是種高昂混著安然的複雜。經歷阿拉斯加一個月的探險，現在往回走，隨著緯度的降低，情緒也慢慢降溫，那又是另一種迴盪又滿足的複雜心情啊！

Date: 9 月 15 日

Day 47 | 176 miles | Junction 37 → Liard Hot Springs

回家的路上並沒有完全照著來的路線走，今天多開一段，要去泡溫泉。

我們在傍晚六點來到「利亞德河溫泉」（Liard Hot Springs），這位於卑詩省公園，裡面有露營區，露營一晚二十美金，可以隨時去泡溫泉。如果不露營，也可以只去泡溫泉，溫泉一人四美金。

我們先去泡溫泉，後來覺得太晚了，決定留下來露營。

這個溫泉算是半野溪。有人管理，有更衣室和廁所。但是又沒有那麼人工化，很自然。首先，從停車場要走十分鐘的木棧道才能到溫泉區。這條長長的木棧道架在一大片的沼澤上，兩旁都是水，苔蘚、長草從水中冒出。許多長草開始枯黃，染上秋天的顏色。溫泉的熱水來到沼澤，水流積塞，讓這裡常年不凍，形成特別的生態，還有熊與麋鹿造訪。

這條木棧道風景眞的優美，領著我們來到溫泉池。溫泉池的範圍非常大，遊客不少，但是每個人還是有很大的空間，一點也不擁擠。

大池下游處有一個小池，離溫泉源頭比較遠，水溫也比較低，順著小池的水往下走，水道越來越小，溫度也越來越冷，兩旁的泥土裸露，已經沒有人工的建設，樹木和雜草的根都伸到水面上。一截大樹橫倒著，我從下面鑽過，這裡水冷，還可以看到小魚游來游去。泡溫泉的遊客不會走到這裡，陽光被樹林雜草打散，陰陰暗暗的，有種叢林探險的感覺。

我們走到底，剩下的水流從地下而去，我們無法再追蹤下去，而且很冷，我們稍微逗留一下，就轉身回到溫暖的熱水區。在這裡，我們泡到身體發熱才上岸。在走回去木棧道的路上，身體一直是熱的，夕陽在天邊燒出火般的色焰，呼應體內血液的奔騰。

Date: 9 月 16 日

Day 48 | 483 miles | Liard Hot Springs → Dawson Creek

早上撤營後，我們再去泡泡溫泉。

時間還早，泡溫泉的人沒有昨天的多，晨光中，山巒靜謐，每個人在池中緩緩走動，或者靜坐冥想。這裡是天然的野溪溫泉，池中每個地方的水溫都時時在改變，有時我感受到一陣熱水從肩上滑過，有時腳往前踩是一窪涼水。

一位先生看我是亞洲人，問我從哪來的。我說臺灣。他看著我，語氣帶著點擔憂的問我，最近臺灣受到不少威脅，我會不會擔心，我的家人還好嗎？他說他跟太太是瑞士人，很關心國際形勢。唉，臺灣地位的微妙，也不是溫泉區裡三言兩語可以解釋得清的，有時候反而是其他國家的人看得比較清楚。心裡很感激這些外國友人的支持。

我們繼續上路，往回家的方向開去。除了吃飯上廁所加油外，並沒有特別在風景點停留，但是一路上也看到不少野生動物，有美洲馴鹿、三隻山羊、一隻黑熊。

今天要開到道森溪（Dawson Creek），六點後一直下雨，決定在道森溪住一晚。

Date: 9 月 17 日

Day 49 | 547 miles | Dawson Creek → Marble Canyon

早餐後上路往南開。經過木雕城鎮，來到喬治王子城（Prince George），再度在這裡換機油，去阿拉斯加的路途中，我們也在這裡幫車子換機油。想到這輛車跟著我們走遍山、海，甚至北極，一路平安順利，眞是很感謝。

這幾天都在趕路，沒有特別的其他安排。在車上我持續工作，一邊看著窗外的景色變化。九月的加拿大，已經入秋，綠葉轉黃的速度跟我們南下的速度相並行，整片山黃綠相伴，讓來自加州的我們驚喜連連。

從精采的旅程要回到日常，需要一些心情調適，很多人假期後馬上回去工作都會有抱怨不適應，我覺得我們這樣一路開回去是很好的方式，外面的溫度持續下降，彷彿也降下情緒的落差，用一個溫和而穩定的方式往回走去。

晚上在99號公路上的大理石峽谷（Marble Canyon）露營過夜。

Date: 9 月 18 日

Day 50

485 miles

Marble Canyon → Seattle → Portland

早上醒來，外面溫度不到攝氏二度。好冷。秋天追逐我們的腳步，彷彿我們再不快點離開，冬天就要撲上來了。

我們預定停在利盧埃特（Lillooet）休息，Robert 買咖啡，我上廁所。

車子行經山谷，兩旁住家傍山而立，風景優美。過了橋，來到城鎮。

「這裡跟我們上次經過一個山谷很像，商店餐廳依山而建。」我看著眼熟。「我們來過這裡？」

「沒有啦！很多山上城鎮都是這樣，長得很像，你看，這裡有家中國餐廳。」Robert 指著一個小店說。

「眞的好像，那個地方我忘了是哪裡，也是有中國餐廳。對了，還有一個漆滿紫色的民宿，叫自己薰衣草小屋。」我正說著，Robert 開著車子行經街道，旁邊就是那間紫色民宿！

「這兩個地方是同一個地方啊！」我驚叫。

「說不定剛好這裡也有薰衣草民宿。」Robert 雖然這麼說，口氣聽得出他也不相信。

我白了他一眼，明明就是還在嘴硬。我拿出手機照片，往前翻，找到同一個紫色房子，當時我覺得這民宿俗氣得好笑所以照下來，沒想到成了證據。

「你看，照片地點就是利盧埃特！」我指給他看。科技先進也是有好處的。只是詭異的是，我們都記得這個地點，卻完全不記得當時怎麼來到利盧埃特。記憶眞是不可靠的東西，以爲這趟旅行是這麼特別，難以忘懷，可是旅程還沒結束呢，已經有些聯結悄悄斷裂，消失在腦細胞的深處。

離開小鎮，Robert 決定走經過霍普（Hope）的路線，一來去西雅圖的時間比較短，二來沒走過，比較新鮮有趣。這裡風景是另一種美，高山聳立，到處可以見到青藍的湖泊。加拿大的山水真是讓人屏息。可惜沒有時間停留，今天要入海關，回到美國，但遺憾也是下一趟旅程的動力。

進入美國，我們繼續趕路，在波特蘭找到一間汽車旅館過夜。

Date: 9 月 19 日

Day 51

619 miles

Portland → Sacramento

爲了避開一些山火，我們開97號公路南下。經過奧勒岡州的馬德拉斯（Madras）、本德（Bend）。繼續往南，進入加州。

在這裡，進入一個分水嶺，北方的寒氣終於放棄追逐我們，看著我們揚長而去。九月，在阿拉斯加已經下雪了，在加拿大山已經染黃了，而在加州還是炎熱的夏天。雨衣、雨褲、外套一件件脫掉丟到後車廂，留下短袖，露出肩膀，換上便鞋，車上開起冷氣，加州的藍天、陽光，領著我們南行。

Date: 9 月 20 日

Day 52 | 408 miles | Sacramento → Home

回到加州，熟悉的州，一切卻又不那麼熟悉。這一個長長的州，開了十個小時才回到洛杉磯。擁擠混亂的車流，相鄰很近的房舍，人爲的噪音，人工化的景色，這是我居住的環境，但是一切卻顯得疏離，內心跟大自然的聯結還是很緊密，很不想被這些俗物截斷。

今天我們刻意早起，從旅館退房，希望回到家裡時天是亮的。在日光中，看到熟悉的房子、院子，我才有回到家的眞實感。十個小時後，車子開進社區的街道，這裡都是老舊的房子，我們趕在天黑之前停在車道上，四周安靜下來，院子裡的花草、果樹，門前一排的多肉植物靜靜的等著我們回來，我看著它們，心裡牽起另一個聯結。

我撿起上百顆的百香果落果，摘下樹上串串的蓮霧，拉開窗簾，讓夕陽照進室內，打開窗戶，讓乾燥的空氣漫進屋子。門前有些郵件，粗略的翻看一下，有信用卡推銷函，有牙醫診所的年度洗牙提醒，有腫瘤醫生門診提醒，有水費電費帳單，有賣場的折扣劵，還有無數當地商家的廣告紙……一張一件，把我們拉回現實世界。

我們回到小小的家，回到簡單的生活，阿拉斯加再度成爲一個遙遠的國度。

但是，現在我知道有些東西不同了，我們眞實的去過了。它比想像中還壯麗豐富，還要神祕璀璨，這樣一個寒冷遙遠的地方，孕育無數生命，讓我見證到人與自然的緊密互動，見證過去歷史的軌跡與現代生活的重疊。在那裡一個月的時間只讓我覺得更加謙卑，更加感恩。

阿拉斯加的美麗有如深邃浩瀚的星空，將一直一直在我們的心中閃耀。

後記

那天去超市，我站在魚攤旁，看著鮭魚、鮭魚卵……一道光閃起，我眼睛一閉一睜，已經在荷馬的清魚檯前。幾個漁人忙碌的宰殺大比目魚、銀鮭。切肉片，去內臟，手腳俐落，我看著肥美的魚卵躺在檯子上，一個漁人走到我面前，我期待的看著他，等著他給我鮭魚卵。光線一暗，我眨了眨眼。

「怎麼？想買鮭魚？」是 Robert 走過來，擋住了光，硬生生把我拉回洛杉磯的超市。

「我剛剛站在這好久，居然沒有人問我要不要免費的魚、肝、卵！」我半認真的抱怨。「我們回到吃魚要付錢的地方了。」

回歸日常，是一件不容易的情懷，阿拉斯加五十二天之旅實在太……強大？震撼？神奇？我找不到一個完美形容詞。這樣一趟旅行，眞的足夠在心裡迴盪好久。我在洛杉磯的日常中，細細的回憶時不時的跑出來，像是飛舞的細絲，縷縷勾著心緒。

「看你什麼時候想再去，我們就去啊！」Robert 豪邁的說。

這句話有安定的作用，讓我想到在旅程中遇到的那位重機騎士，他們一行人從阿根廷出發，分十一段路，分好幾年，計劃自己的理想，實行自己的理想，中間夾著工作賺錢，一路騎到阿拉斯加北極圈。夢想的完成不是只有一個方法，每一個終點都是另一個起點。

這次我們完成了一個半月的自駕遊，不代表這是終點。我們回到日常生活，繼續該有的責任跟使命，平凡但一樣豐富而美好，把握每一個當下，帶著滿足的心，我們再爲下一趟生命旅程而努力。

斯圖爾特……Stewart
塔基特納……Talkeetna
烏特恰維克……Utqiagvik
瓦爾迪茲……Valdez
白馬市……Whitehorse
惠蒂爾……Whittier
黃刀鎮……Yellowknife
育空領地……Yukon

地名

阿克希奧克	Akhiok
安克拉治	Anchorage
巴羅	Barrow
卑詩省	BC省，British Columbia
本德	Bend
契尼亞克	Chiniak
寇德福特	Coldfoot
死馬鎮	Deadhorse
戴伊	Dyea
費爾班克斯	Fairbanks
荷馬	Homer
霍普	Hope
海德	Hyder
朱諾市	Juneau
克朗代克	Klondike
科迪亞克	Kodiak
利盧埃特	Lillooet
馬德拉斯	Madras
麥克勞德	McCloud
北坡自治區	North Slope
帕薩沙克	Pasagshak
喬治王子城	Prince George
蘇厄德	Seward
史凱威	Skagway

帝王鮭	King Salmon
科迪亞克棕熊	Kodiak Brown Bear
麝香牛	Musk Ox
橙冠蟲森鶯	Orange-Crowned Warbler
粉紅鮭	Pink Salmon
海鸚	Puffin
佩氏亞齒菌	Red-juice Tooth [Hydnellum Peckii]
紅菇屬	Russula
沙丘紅頂鶴	Sandhill Crane
黃孢紅菇	Shrimp Russula〔Russula Xerampelina〕
雪鴞	Snowy Owl
紅鉤吻鮭	Sockeye Salmon
龍利魚	Sole
樅樹雞	Spruce Grouse
木蹄層孔菌	Tinder Conk〔Fomes Fomentarius〕
平截棒瑚菌	Truncated Club〔Clavariadelphus Truncatus〕
簇絨海鸚	Tufted Puffin

動／植物／蕈類名

阿拉斯加牛肝菌……Alaskan Bolete
極地松鼠……Arctic Ground Squirrel
毒蠅傘……〔Amanita Muscaria〕，或稱毒蠅鵝膏菌 Fly Amanita
白楊牛肝菌……Aspen Bolete
白頭海鵰……Bald Eagle
牛肝菌……Bolete
灰噪鴉……Canada Jay
北美馴鹿……Caribou
硫磺菌……Chicken of the Woods〔Laetiporus Sulphureus〕
白鮭……Chum Salmon
珊瑚菌屬……Clavaria
銀鮭……Coho Salmon
深褐折菌……Conifer Mazegill〔Gloeophyllum sepiarium〕
珊瑚菇……Coral Mushrooms
柳蘭……Fireweed
大比目魚……Halibut
港海豹……Harbor Seal
虎掌菌……Hawk Wing
珊瑚狀猴頭菇……〔Hericium Coralloides〕
角海鸚……Horned Puffin
大翅鯨……Humpback Whale
美味牛肝菌……King Bolete

哈丁冰原	Harding Icefield
馬蹄灣	Horseshoe Bay
基奈峽灣國家公園	Kenai Fjords National Park
基奈山	Kenai Mountain
基納斯卡湖省立公園	Kinaskan Lake Provincial Park
克朗代克公路	Klondike Highway
科迪亞克島	Kodiak Island
利亞德河溫泉	Liard Hot Springs
麥考利鮭魚復育中心	Macaulay Salmon Hatchery
大理石峽谷	Marble Canyon
美納德山脈	Maynard Mountain
曼登霍露營區	Mendenhall Campground
曼登霍冰川	Mendenhall Glacier
西北冰川	Northwestern Glacier
尼爾群島	Near Island
掘金瀑布	Nugget Falls
波地奇冰川	Portage Glacier
波地奇冰川小徑	Portage Glacier Pass
威廉王子海灣	Prince William Sound
普拉德霍灣	Prudhoe Bay
馬鞍步道	Saddle Trail
聖胡安群島	San Juan Islands
薩金特溪	Sargent Creek
薩維奇河	Savage River

公路／公園／冰川湖泊溪流山脈／觀光景點名

阿提貢山口	Atigun Pass
大熊湖	Bear Lake
班尼特湖	Bennett Lake
布魯克斯嶺	Brooks Range
巴斯金河	Buskin River
拜倫溪	Byron Creek
拜倫冰川	Byron Glacier
拜倫冰川步道	Byron Glacier Trail
阿利塔克角	Cape Alitak
珍娜溫泉	Chena Hot Spring
齊爾庫步道	Chilkoot Trail
道爾頓公路	Dalton Highway
道森溪	Dawson Creek
丹奈利峰	Denali
丹奈利國家公園和保留區	Denali National Park and Preserve
道格拉斯島	Douglas Island
老鷹海灘	Eagle Beach
出口冰川	Exit Glacier
日蝕北歐溫泉	Eclipse Nordic Hot Springs
魚溪野生動物觀察站	Fish Creek Wildlife Observation Site
花崗岩頁島	Granite Island
格魯英克冰川湖	Grewingk Glacier Lake
阿拉斯加海灣	Gulf of Alaska
大比目魚灣	Halibut Cove

海天公路	Sea to Sky Highway
西利湖省立公園	Seeley Lake Provincial Park
斯圖爾特-卡西亞公路	Stewart-Cassiar Highway 37
斯特羅恩湖	Strohn Lake
蘇卡帕克山	Sukakpak Mountain
坦納根海灣	Turnagain Arm
懷特山口	White Pass
懷特山口步道	White Pass Trail
育空河	Yukon River
育空河營地	Yukon River Camp

其他

阿拉斯加客棧 ········ Alaska Inn
安東・安德森 ········ Anton Anderson
貝吉奇塔 ········ Begich Towers
冰川景觀公寓套房 ········ Glacier View Condo Suites
冰路 ········ Ice Road
冰人奧茲 ········ Iceman Oetzi
因紐特人 ········ Inuits
傑克・倫敦 ········ Jack London
皮艇 ········ kayak
美國四十八州 ········ Lower 48
瑪莎・麥卡雲 ········ Martha Ferguson McKeown
皮卡 ········ pickups
丙烷 ········ Propane
約翰・巴羅 ········ Sir John Barrow
泰莫西芬 ········ Tamoxifen
《那條通向北方的步道》 ········ The Trail Lead North: Mont Hawthorne' s Story
苔原 ········ tundra
烏盧刀 ········ Ulu
藍鐵礦 ········ Vivianite
威廉・摩爾 ········ William Moore

少年天下系列 —— 087

跨越極地山海間：阿拉斯加 52 日自駕行（陳郁如的旅行風景 3）

作　者｜陳郁如
照片提供｜陳郁如

責任編輯｜李幼婷
特約編輯｜施彥如
封面設計｜吳佳璘
行銷企劃｜林育菁

天下雜誌群創辦人｜殷允芃
董事長兼執行長｜何琦瑜
媒體暨產品事業群
總經理｜游玉雪
副總經理｜林彥傑
總編輯｜林欣靜
行銷總監｜林育菁
主編｜李幼婷
版權主任｜何晨瑋、黃微真

出版者｜親子天下股份有限公司
地址｜台北市 104 建國北路一段 96 號 4 樓
電話｜（02）2509-2800 傳真｜（02）2509-2462
網址｜ www.parenting.com.tw
讀者服務專線｜（02）2662-0332 週一～週五：09:00~17:30
傳真｜（02）2662-6048　客服信箱｜ parenting@cw.com.tw
法律顧問｜台英國際商務法律事務所・羅明通律師
製版印刷｜中原造像股份有限公司
總經銷｜大和圖書有限公司 電話：（02）8990-2588

出版日期｜ 2023 年 11 月第一版第一次印行
定　　價｜ 450 元
書　　號｜ BKKNF080P
I S B N ｜ 978-626-305-591-9

訂購服務
親子天下 Shopping ｜ shopping.parenting.com.tw
海外 ・ 大量訂購｜ parenting@cw.com.tw
書香花園｜台北市建國北路二段 6 巷 11 號　電話（02）2506-1635
劃撥帳號｜ 50331356　親子天下股份有限公司

國家圖書館出版品預行編目資料

跨越極地山海間——阿拉斯加 52 日自駕行 / 陳郁如著 . -- 第一版 . -- 臺北市 : 親子天下股份有限公司 , 2023.11
288 面 ;14.8X21 公分 . -- （陳郁如的旅行風景 ; 3)(少年天下 ; 87)

ISBN 978-626-305-591-9(平裝)
1.CST: 汽車旅行 2.CST: 遊記 3.CST: 美國阿拉斯加

752.7809　　112015164

立即購買 >
親子天下 Education · Parenting Family Lifestyle
親子天下 Shopping
親子天下 有聲故事書

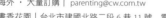